Reichsgerichts-Entscheidungen

in kurzen Auszügen

Herausgegeben vom

Deutschen Richterbund

Zivilsachen — Band 111

1926

München, Berlin und Leipzig

J. Schweitzer Verlag (Arthur Sellier).

Druck von Dr. F. P. Datterer & Cie., Freising-München

Von dieser Sammlung erschienen folgende Bändchen:

I. Zivilsachen: Bd. 76, 77, 78, 79 je Rmark 0,75.
„ 80, 81, 82, 83, 84, 85, 86, 87, 88, 89, 90, 91, 92, 93, 94, 95, 96 je Rmark 0,80
Bd. 97, 98, 99, 100, 101 je 0,85
„ 102—104 je Rmark 0,90
„ 105 Rmark 1.—.
„ 106—108 je Rmark 1,20.
„ 109, 110 je Rmark 2.—

II. Strafsachen: Bd. 45—53 je Rmark 0,75.
„ 54 Rmark 0,80.
„ 55, 56, 57 je Rmark 1,20
„ 58 Rmark 2.—

Jedes Bändchen entspricht einem Bande der amtlichen Sammlung.

1. Polizeibeamter. Amtspflichtverletzung. Waffengebrauch. Schadenersatz. (PrStaatsHaftG. § 4; BGB. § 839, 844; PrALR. § 10 II 17, PrMinErl. vom 24. Juli 1919.) Ein des Hochverrats verdächtiger Kommunistenführer wurde verhaftet. Auf dem Wege zum Polizeigebäude wurde er von dem Beamten, der ihn vorzuführen hatte, erschossen. Seine Frau und seine Kinder klagten gegen den preußischen Staat auf Schadenersatz. Die Klage wurde in allen Instanzen abgewiesen. Die Polizei hat die Aufgabe, die öffentliche Ruhe, Sicherheit und Ordnung aufrechtzuerhalten, die Autorität der Staatsgewalt zu wahren und Angriffe auf sie abzuwehren. Zur Durchführung dieser Aufgabe sind ihr Waffen anvertraut; sie hat diese nach Maßgabe der von den zuständigen Stellen gegebenen Vorschriften und Richtlinien zu gebrauchen. Der höchste Vorgesetzte der Schutz- und Sicherheitspolizei in Preußen ist der Minister des Innern. Dieser hat den Waffengebrauch der Polizeibeamten durch einen Erlaß vom 24. Juli 1919 geregelt. Nach diesem Erlaß sind die Polizeibeamten in den dort aufgeführten besonders gefährdeten Bezirken bis auf weiteres befugt, von der Waffe Gebrauch zu machen, wenn eine wegen eines Verbrechens oder Vergehens dringend verdächtige Person sich der Festnahme durch die Flucht zu entziehen sucht und auf die Aufforderung des Beamten hin nicht sofort stehen bleibt. Das Berufungsgericht hatte festgestellt, daß der Beamte erst nach mehrmaligem Halt-Rufen geschossen hatte, um die Flucht des Gefangenen zu verhindern, daß er nach pflichtmäßigem Ermessen annehmen konnte, dieses Ziel auf andere Weise als durch eine Verwundung des Gefangenen nicht erreichen zu können und daß er nicht die Absicht gehabt hatte, den Gefangenen zu töten. Eine fahrlässige oder gar vorsätzliche Amtspflichtverletzung war somit nicht erwiesen. (III, 21. April 1925.)

Amtl. Sammlg. S. 1—5.

2. Anfechtung der Ehe. Arglistige Täuschung. (BGB. §§ 123, 1334). Eine im Jahre 1919 geschlossene Ehe wurde von dem Manne mit der Begründung angefochten, der Vater der Frau, der im Jahre 1918 gestorben war, sei im Jahre 1916 wegen Betrugsversuchs zu einer erheblichen Geldstrafe verurteilt worden und die Frau habe ihm das arglistig verschwiegen. Das Berufungsgericht wies die Klage ab mit der Begründung, daß die Beklagte die Verurteilung ihres Vaters für unbegründet gehalten und bei ihrem Vorgehen nicht in verwerflicher Absicht zum Nachteil des Klägers gehandelt habe. Das Reichsgericht hob das Urteil auf. Der Tatbestand der arglistigen Täuschung ist nicht erst dann erfüllt, wenn die Absicht verfolgt wird, dem Getäuschten einen Nachteil zuzufügen; es genügt, daß der Getäuschte durch das Verhalten des anderen Teils zu der Abschließung einer Ehe bestimmt worden ist, die er ohne die Täuschung nicht abgeschlossen hätte. Es machte also nichts aus, ob die Hoffnung bestand, daß die Ehe für beide Teile einen günstigen Verlauf nehmen und daß der Getäuschte nach Feststellung des wahren Sachverhalts an der Ehe festhalten werde. Läßt das Gesetz schon bei gewöhnlichen Geschäften die Anfechtung wegen arglistiger Täuschung ohne den Nachweis einer Schädigungsabsicht zu, so muß das noch viel mehr bei der höchstpersönlichen Angelegenheit einer Eheschließung gelten. (IV, 30. April 1925.)

Amtl. Sammlg. S. 5—8.
Vgl. Bd. 109 S. 64.

3. **Mietzins.** (RMietG. § 16.) Eine Gemeinde errichtete ein Gebäude zur Unterbringung des Postamts und vermietete es an die Postverwaltung. Diese wollte nur die gesetzliche Miete zahlen. Die Klage der Gemeinde auf Feststellung, daß sie berechtigt sei, die angemessene Miete zu fordern, wurde abgewiesen. Die Vorschriften des Reichsmietengesetzes finden keine Anwendung auf Neubauten und auf Räume in Gebäuden, die im Eigentum des Reichs, eines Landes oder einer Körperschaft des öffentlichen Rechts stehen und entweder öffentlichen Zwecken oder der Unterbringung von Angehörigen der Verwaltung des Reichs, des Landes oder der Körperschaft dienen. Das Berufungsgericht hatte angenommen, daß die Ausnahme nicht zutreffe, weil die Gemeinde das Gebäude nicht für ihre Zwecke, sondern für solche des Reichs erbaut hatte; es erblickte den Zweck der Vorschrift darin, daß eine unbillige Belastung der Mieter vermieden und das öffentliche In-

teresse der Gemeinde, die ihren Zwecken dienenden Gebäude im Falle eigenen Notbedarfs freizumachen, sichergestellt werden sollte. Dieser besonders durch die Vorschriften späterer Gesetze (des Mieterschutzgesetzes vom 1 Juni 1923 und des Wohnungsmangelgesetzes vom 26. Juli 1923) gestützten Auffassung trat das Reichsgericht entgegen. Die Vorschrift ist unklar gefaßt. Da das jetzige Mietrecht als Ausnahmerecht sich den jeweils wechselnden Bedürfnissen anpassen muß und damit stetem Wechsel unterliegt, lassen spätere Gesetze einen Rückschluß auf die in den früheren Gesetzen verfolgten Absichten des Gesetzgebers nicht zu, besonders wenn die Gesetze verschiedenen Zwecken dienen. Das Reichsmietengesetz will nur die Höhe des Mietzinses regeln; die anderen Gesetze wollen die Sicherstellung und Erfassung des Wohnraums und den Schutz des Mieters im Besitz seiner Wohnung erreichen. Im Ergebnis wurde aber die Entscheidung des Berufungsgerichts gebilligt. Das Reichsmietengesetz erfaßt grundsätzlich alle Mietverträge, soweit die Höhe der zu entrichtenden Mietzinsen in Frage kommt, und zwar so vollständig, daß auf Verlangen einer Partei seine Vorschriften ohne weiteres und unverzichtbar Platz greifen. Weder in sachlicher noch in persönlicher Hinsicht macht es einen Unterschied. Unter seine Bestimmungen fällt demgemäß ein Mietvertrag zwischen einer Gemeinde und dem Reich auch dann, wenn die Mietsache zu öffentlichen Zwecken benützt werden soll. Die Ausnahmevorschrift gilt nur für Räume in Gebäuden, die öffentlichen Zwecken oder der Unterbringung von Beamten der zuständigen Körperschaft dienen. Die Instandsetzungskosten werden infolge der größeren Abnützung sich regelmäßig höher stellen als in Gebäuden, die nur von Privatpersonen bewohnt und benutzt werden. Würden diese Kosten auf die in solchen Gebäuden einzelne Räume innehabenden Beamten oder Privatpersonen nach den Grundsätzen des Reichsmietengesetzes umgelegt, so würden diese schlechter gestellt sein als Mieter in Privathäusern; die Anordnung des Gesetzes, die ihren Schutz bezweckt, würde also zu ihrem Nachteil ausschlagen. Nur das will die Vorschrift verhüten. Wenn das Reich selbst Mieter ist, trifft sie nicht zu. Die

Mietzinsen waren also nach den gesetzlichen Bestimmungen zu berechnen. (III, 2. Mai 1925.)

Amtl. Sammlg. S. 8—12.

4. **Polizeibeamter. Amtspflichtverletzung. Schadenersatz. Amtsverband.** (BGB. § 839; PrStaatsHaftG. § 4.) Wegen einer vom Vorsteher eines preußischen Amtsverbandes getroffenen polizeilichen Verfügung wurde auf Schadenersatz geklagt. Das Reichsgericht bejahte die Frage, ob für eine Amtspflichtverletzung, wenn eine solche vorlag, der Amtsverband haftete. Wenn auch der Amtsvorsteher bei Wahrnehmung der ihm zustehenden staatlichen Machtbefugnis eine ihm übertragene staatliche Tätigung ausübt, hat doch für Verletzungen der Amtspflicht in solchen Fällen nicht der Staat, sondern die Körperschaft aufzukommen, in deren Diensten der Beamte steht. Anders liegt die Sache beim Landrat; dieser ist sowohl für den Dienst des Staates wie des Gemeindeverbandes angestellt und macht durch Verstöße, die er sich in der ersten Eigenschaft zuschulden kommen läßt, den Staat haftbar. Dem Amtsvorsteher kommt aber eine solche Doppelstellung nicht zu. (III, 5. Mai 1925.)

Amtl. Sammlg. S. 12—13.

Vgl. Bd. 100 S. 188.

5. **Urheberrecht. Erscheinen eines Werkes. Notausgabe.** (Bern. Üb. vom 9. September 1886 Art. 2, vom 13. November 1908 Art. 4, 8; BRVO. vom 12. Juni 1910.) Am 14. Mai 1912 starb der schwedische Dichter Strindberg. Ein deutscher Verleger ließ im Jahre 1919 eine Auswahl aus seinen Dramen in deutscher Übersetzung zusammenstellen und hiervon zunächst 7 Stück drucken; im Jahre 1920 erschien das Werk in anderem Druck und anderer Ausstattung Die Erben Strindbergs klagten wegen Verletzung ihres Urheberrechts auf Unterlassung, Vernichtung und Schadenersatz. Die Klage wurde abgewiesen. Bis zum 1. Januar 1920 bestimmten sich die urheberrechtlichen Verhältnisse zwischen dem Deutschen Reich und Schweden nach der Berner Übereinkunft vom 9. September 1886 und der Pariser Deklaration vom 4. Mai 1896, denen Schweden im Jahr 1904 beigetreten war. Der Schutz gegen Übersetzung in einem anderen Land als

dem Ursprungsland war hiernach auf 10 Jahre von der Veröffentlichung des Werkes an festgesetzt. Diese Schutzfrist war schon im Jahre 1917 abgelaufen. Am 16. Dezember 1919 trat Schweden mit Wirkung vom 1. Januar 1920 der Berner Übereinkunft vom 13. November 1908 bei. Dadurch erhielt der Übersetzungsschutz schwedischer Urheber und ihrer Rechtsnachfolger eine neue Grundlage, indem die Schutzfrist auf die ganze Dauer des Schutzes am ursprünglichen Werk erstreckt wurde; soweit vorher eine Übersetzung erlaubterweise erschienen war, blieb aber die Befugnis des Übersetzers zur Vervielfältigung und Verbreitung unberührt. Demgemäß lebte für die Erben Strindbergs der erloschene Übersetzungsschutz wieder auf, soweit nicht diese Ausnahme zutraf. Sie behaupteten, daß es sich beim Beklagten nur um eine Notausgabe gehandelt habe, die veranstaltet worden sei, um den Wirkungen der Rechtsänderung entgegenzutreten; erschienen sei das Werk erst 1920. Diese Auffassung wurde nicht gebilligt. Auch wenn im Jahre 1919 nur eine Notausgabe von 7 Bänden fertiggestellt worden war, gelangte das Werk vor dem 1. Januar 1920 durch öffentliches tatsächliches Angebot einer Mehrzahl von Vervielfältigungsstücken im Verlagshandel an die Allgemeinheit und war damit erschienen. Zum Erscheinen eines Werkes reicht es aus, wenn es beim Verleger auch nur in einigen Vervielfältigungsstücken derart fertig vorliegt, wie es zum alsbaldigen Vertrieb an Verkäufer und damit zum bestimmungsmäßigen Hervortreten nötig ist. War der Drucksatz fertig, so bestand jederzeit die Möglichkeit weiterer Vervielfältigung und es kam auf den Umfang der schon bewirkten Vervielfältigung für die Frage des Erscheinens nicht an. Diese Vorschrift zugunsten der in der schutzfreien Zeit erschienenen Übersetzungen bezweckt, die Übersetzer und Verleger vor den nachteiligen Folgen des neu auflebenden Urheberschutzes zu bewahren, ihnen die Früchte der in Zeiten der vollen Freiheit unter Ausnutzung des Rechtszustandes und im Vertrauen auf seine Dauer geleisteten Arbeiten und Aufwendungen zu sichern. Der Beklagte hatte schon vor dem Beitritt Schwedens zu der neuen Berner Übereinkunft beträchtliche Aufwendungen gemacht, um die Übersetzung herzustellen; er konnte also Anspruch auf diesen Schutz erheben. (I, 11. Mai 1925.)

Amtl. Sammlg. S. 14—22.

6. Fürsorgepflicht für Beamte. (BGB. §§ 618, 844.) Ein Polizeibeamter starb an Lungenschwindsucht. Seine Frau und seine Kinder klagten gegen den Staat auf Schadenersatz mit der Begründung, daß er mit einem lungenkranken Beamten in einem Raum zusammen habe arbeiten müssen und dadurch angesteckt worden sei. Der Anspruch wurde als begründet anerkannt. Auch dem Staat obliegt gegenüber seinen Beamten eine Fürsorgepflicht, die insbesondere dahin geht, daß er die zur Erhaltung ihrer Gesundheit erforderlichen Maßnahmen zu treffen hat. Die schuldhafte Verletzung dieser Pflicht macht ihn, wenn sie den Tod des Beamten zur Folge hat, gegenüber seinen unterhaltsberechtigten Hinterbliebenen schadenersatzpflichtig. Begrenzt wird diese Pflicht in der Weise, daß Ersatz für das durch den Tod des Beamten entzogene Recht auf Unterhalt zu leisten ist. (III, 12. Mai 1925.)

Amtl. Sammlg. S. 22—25.

Vgl. Bd. 97 S. 44.

7. Versendungskauf. Erfüllungsort. Besetztes Gebiet. (BGB. §§ 326, 447.) Ware, die zum Versand nach Ägypten bestimmt war, sollte von Köln aus nach Hamburg gesandt werden. Am 4. Mai 1923 wurde sie in Köln einem Spediteur übergeben. Als sie am 16. Mai noch nicht in Hamburg eingetroffen war, setzte der Käufer dem Verkäufer eine Frist bis zum 19. Mai mit der Erklärung, daß er nach deren Ablauf die Abnahme verweigern werde. Infolge der Verhältnisse im besetzten Gebiet verzögerte sich das Eintreffen der Ware bis zum 22. Juni. Der Käufer, der inzwischen Klage auf Schadenersatz erhoben hatte, blieb bei seiner Weigerung; der Verkäufer erhob Widerklage. Die Klage wurde durch Teilurteil abgewiesen. Da beide Parteien in Berlin wohnten und über den Ort der Erfüllung nichts vereinbart worden war, verblieb es bei der Regel, daß der Niederlassungsort als Erfüllungsort anzusehen war. Beim Versendungskauf geht regelmäßig die Versendung vom Erfüllungsort aus und der Verkäufer kann weder den Übergang der Gefahr noch, wenn es sich um einen Gattungskauf handelt, die Beschränkung des Schuldverhältnisses auf die ausgewählte Sache durch die Versendung von irgend einem beliebigen Ort aus herbeiführen. Ein derartiges einseitiges Vorgehen des Verkäufers lag aber hier nicht vor, da die Parteien darüber einverstanden waren, daß die Ware von Köln nach Hamburg gesandt werden solle. Demgemäß hatte der Beklagte mit der Auslieferung der Ware an den Kölner Spediteur seiner Verkäuferpflicht genügt und für eine Fristsetzung und einen aus ihr herzuleitenden Anspruch auf Schadenersatz war ihm gegenüber kein Raum. (II, 19. Mai 1925.)

Amtl. Sammlg. S. 23—25.

Vgl. Bd. 106 S. 213.

8. **Aktiengesellschaft. Anfechtung. Nichtigkeit. Umstellung des Kapitals auf Goldmark.** (GoldBilVO. § 11.) Eine Aktiengesellschaft hatte ein Grundkapital von 10 Millionen Papiermark. Sie beschloß die Herabsetzung auf 50 000 Goldmark und zwar in der Weise, daß die 40 Aktien zu 100 000 Mark in 40 Aktien zu je 500 Mark, die 500 Aktien zu 5000 Mark in 125 Aktien zu je 100 Mark und die 3500 Aktien zu 1000 Mark in 175 Aktien zu je 100 Mark umgewandelt werden sollten. Das Registergericht lehnte die Eintragung des Beschlusses ab. Das Landgericht verwarf die Beschwerde. Das Kammergericht wollte der weiteren Beschwerde stattgeben, legte aber wegen eines entgegenstehenden Beschlusses des Oberlandesgerichts Hamburg die Sache dem Reichsgericht vor. Dieses verwarf die weitere Beschwerde. Eine Verminderung der Zahl der Aktien aus Anlaß der Umstellung des Grundkapitals einer Aktiengesellschaft auf Goldmark ist nur insoweit zulässig, als ohne sie die vorgeschriebene Mindestgrenze nicht eingehalten werden kann. Die Mindestgrenze ist regelmäßig 100 Goldmark, falls aber der Wert der Aktien weniger als 40 Billionen Mark für 100 Mark Aktienkapital beträgt, 20 Goldmark. Der Ausnahmefall lag vor. Bei Herabsetzung der Aktien auf 20 Goldmark war eine Verminderung der Zahl der Aktien nicht nötig. Die Vorschrift enthält aber kein zwingendes Recht. Ihr Zweck ist, die Kleinaktionäre davor zu schützen, daß sie ihren Aktienbesitz verlieren oder zum

Zukauf von Aktien gezwungen werden. Ein darüber hinausgehendes Interesse der Allgemeinheit kommt nicht in Frage; die Entwicklung des Aktienverkehrs ist im Gegenteil dem Kleinaktienbesitz nicht günstig, denn der Aktienmarkt ist nicht für Kleinsparer gedacht und die Gesellschaft hat ein Interesse daran, daß ihre Aktien für den börsenmäßigen Verkehr geeignet sind. Der Beschluß verstieß auch nicht gegen die guten Sitten, denn er ließ keine Absicht erkennen, eine Minderheit von Aktionären zu schädigen oder aus der Gesellschaft zu verdrängen, enthielt auch keine ungleichartige Behandlung der Aktionäre. Daß durch Zusammenlegung von Aktien Stimmrechte verloren gehen, kommt bei allen Herabsetzungen des Grundkapitals vor. Es war darum nicht einzusehen, weshalb der Verstoß mit Nichtigkeit des unzulässigen Beschlusses geahndet werden sollte; vielmehr genügte es, den beteiligten Aktionären das Recht der Anfechtung zu geben. Eine solche war nicht vorgekommen. Allerdings erfahren Kleinaktionäre oft zu spät von der Einberufung einer Generalversammlung oder sind nicht in der Lage, ihre Rechte zu wahren; wer aber Aktien erwirbt, hat sich den für Aktiengesellschaften geltenden Vorschriften anzupassen. Kann er das nicht, so soll er dem Aktienverkehr fernbleiben; für ihn paßt eine Vermögensanlage in Aktien nicht. (II, 19. Mai 1925.) Amtl. Sammlg. S. 26—31.

9. **Rechtsmittel. Einlegung vor Fristbeginn. Übergangsregelung.** (ZPO. §§ 516, 519b; VO. vom 13. Februar 1924 Art. VII.) Gegen ein am 23. Mai 1924 verkündetes Urteil legte der Beklagte am 11. Juni 1924 Berufung ein, ehe es ihm zugestellt war. Sie wurde als unzulässig verworfen. Nach der früheren Fassung der Zivilprozeßordnung war ausdrücklich vorgeschrieben, daß die Einlegung der Berufung vor Zustellung des Urteils wirkungslos ist. Diese Vorschrift ist durch die Verordnung vom 13. Februar 1924 gestrichen worden; seit dem 1. Juni 1924 kann also eine Berufung auch vor Zustellung des Urteils eingelegt werden. Die Zulässigkeit von Rechtsmitteln gegen früher verkündete Entscheidungen richtete sich aber nach den bisherigen Vorschriften. Die Revision hatte darauf Wert gelegt, daß in der früheren Fassung die verfrühte

Einlegung der Berufung nur als wirkungslos, nicht als unzulässig bezeichnet war. Das Reichsgericht entschied, daß die Wirkungslosigkeit der Unzulässigkeit gleichzuachten sei. (VI, 22. Mai 1925.)

Amtl. Sammlg. S. 31—33.
Vgl. Bd. 58 S. 120.

10. Armenrecht. Anwaltsgebühr. Vorschuß. (ZPO. § 115; Gesetz über Erstattung von Rechtsanwaltsgebühren vom 13. Dezember 1923.) Ein Rechtsanwalt erwirkte für seine Partei das Armenrecht; sie hatte ihm vorher einen Vorschuß gezahlt. Nach Durchführung des Rechtsstreits beantragte er Ersatz seiner Gebühren. Der Gerichtsschreiber lehnte die Festsetzung ab, weil die Gebühren durch den Vorschuß gedeckt seien; das Reichsgericht entschied zugunsten des Anwalts. Dem Anwalt, der einer armen Partei bestellt wird, sind die Gebühren und Auslagen nach Maßgabe der Gebührenordnung für Rechtsanwälte aus der Staatskasse zu ersetzen. Ein Anwalt, der von der Partei selbst gewählt worden ist und nach der Bewilligung des Armenrechts die Sache weiterführt, ist ebenso zu behandeln. Der Vorschuß war auf die Forderung anzurechnen. Er deckte die Forderung nicht ganz. Es handelte sich um einen Streitwert von 21 900 Mark; die volle Gebühr betrug rund 500 Mark, die doppelte Gebühr (Prozeßgebühr und Verhandlungsgebühr) also 1000 Mark. Als Vorschuß hatte der Rechtsanwalt nur 200 Mark erhalten; seine Forderung war also zu einem Fünftel getilgt. Durch seine Beiordnung erlangte er gegen das Reich einen Anspruch auf $^4/_5$ seiner Gebühren. Diese waren aus einem Streitwert von 2000 Mark zu berechnen; von der hiernach sich ergebenden Gesamtforderung von 200 Mark waren ihm also 160 Mark zu ersetzen. (V, 20. März 1925.)

Amtl. Sammlg. S. 34—36.

11. Schiffszusammenstoß. Kanallotse. Mitverschulden. Schiffsbesatzung. (BGB. § 254; HGB. § 485). Im Kaiser-Wilhelmskanal stießen zwei Schiffe zusammen und wurden schwer beschädigt. Der Eigentümer des einen Schiffes klagte gegen das Reich auf Schadenersatz mit der Begründung, daß der Zwangslotse die Fahrt zu spät verlangsamt und dem vom Kapitän angenommenen

Kanalsteuerer zu viel freie Hand gelassen habe. Der Anspruch wurde vom Berufungsgericht zu drei Vierteln dem Grunde nach für berechtigt anerkannt; die Revision des Klägers wurde verworfen. Es wäre Aufgabe des Kanallotsen gewesen, durch bestimmte Befehle der eigenmächtigen Ruderlegung des Kanalsteuerers entgegenzutreten; daß er das unterließ, erfüllt den Tatbestand einer Amtspflichtverletzung. Aber auch dem Kanalsteuerer selbst traf ein Verschulden an dem Zusammenstoß. Er gehörte zu der Besatzung des Dampfers des Klägers, wenn er auch nur vorübergehend dort angestellt war. Für die schadenstiftenden Handlungen der Schiffsbesatzung ist der Reeder verantwortlich, in dem gleichen Maß wird aber durch ein solches Verhalten auch eine Verantwortung des Reeders gegen sich selbst begründet; das fremde Verschulden ist ihm hier wie dort als eigenes anzurechnen. Ein Verschulden lag in der Eigenmächtigkeit des Kanalsteuerers. Er hatte allerdings vom Kapitän den Auftrag erhalten, nur nach den Weisungen des Lotsen zu steuern; aber trotz der Überschreitung der Grenzen dieses Auftrags blieb der innere Zusammenhang zwischen seinem Vorgehen und der ihm übertragenen Tätigkeit gewahrt. Seine pflichtwidrigen Maßnahmen fielen ihrer objektiven Beschaffenheit nach in den Kreis der zur Ausführung seiner Verrichtungen gehörenden Handlungen. (III, 22. Mai 1925.)

Amtl. Sammlg. S. 37—40.

Vgl. Bd. 13 S. 91; Bd. 85 S. 372.

12. Völkerrechtlicher Vertrag. Grundstückerwerb durch Ausländer. (EGzBGB. Art. 88; HambAGzBGB. § 28; VersVertr. Art. 116, 292.) Im Oktober 1919 erwarb ein Russe ein Grundstück in Hamburg und wurde als Eigentümer im Grundbuch eingetragen. Der Verkäufer klagte auf Bewilligung seiner Wiedereintragung mit der Begründung, daß zu dem Erwerb die Genehmigung des Senats nicht erteilt worden sei. In zwei Instanzen wurde die Klage abgewiesen. Die Revision des Klägers hatte Erfolg. Nach Hamburger Recht ist für den Erwerb von Grundstücken durch Ausländer eine Genehmigung des Senats erforderlich. Durch den Vertrag zwischen dem Deutschen Reich und Rußland von

1894/1904 war den Angehörigen beider Reiche der freie Erwerb von Grundeigentum gleich Inländern gewährleistet. Dieser Vertrag war im Reichsgesetzblatt veröffentlicht und hatte als eine für das Reichsgebiet verbindliche Norm das für Hamburg geltende Recht außer Kraft gesetzt. Seiner Bezeichnung wie seinem Inhalt nach war er ein Handelsvertrag und verlor darum beim Kriegsausbruch, wie alle mit den Feindmächten abgeschlossenen Handelsverträge, seine Geltung. Der Vertrag von Brest-Litowsk erklärte ihn ausdrücklich für erloschen, bestimmte aber gleichzeitig, daß die Angehörigen beider Staaten gleich Inländern berechtigt sein sollten, jede Art von beweglichem und unbeweglichem Vermögen zu erwerben. Diese Bestimmung wurde durch eine Bekanntmachung vom 7. Juni 1918 im Reichsgesetzblatt veröffentlicht, galt somit als Reichsrecht. Eine Aufhebung des Vertrags von Brest-Litowsk hat nicht stattgefunden; er ist aber stillschweigend im Herbst 1918 außer Kraft gesetzt worden. Am 5. November 1918 teilte die Reichsregierung der russischen Regierung mit, daß sie die diplomatischen Beziehungen zu ihr abbreche; die russische Regierung gab einige Wochen später allgemein bekannt, daß sie die Verträge von Brest-Litowsk als beseitigt ansehe. Durch den Versailler Vertrag wurde Deutschland verpflichtet, den Vertrag von Brest-Litowsk als aufgehoben anzusehen; hiernach bestand seit dem November 1918 kein Vertragsverhältnis zwischen den beiden Staaten mehr; Rußland hatte das ausdrücklich erklärt und Deutschland hatte durch die Unterlassung der Verwahrung zugestimmt. Erst durch den Vertrag von Rapallo vom 16. April 1922 wurden wieder vertragsmäßige Zustände geschaffen. Daran wurde durch die Unterlassung einer besonderen Kundgebung der deutschen Reichsregierung über das Aufhören der Wirksamkeit des Vertrages nichts geändert. Es war allen bekannt, daß der Vertrag durch die Macht der Verhältnisse gegenstandslos geworden war; für die Nachwirkungen eines verlorenen Krieges können Anforderungen nicht Platz greifen, wie sie für die Regelfälle an die Verlautbarung des Aufhörens der Geltung völkerrechtlicher Abkommen aufgestellt werden. Auch zwischen völkerrechtlicher und innerstaatlicher Wirkung läßt sich bei einem Vertrag, dessen politischer, militärischer, wirtschaftlicher und privatrechtlicher Inhalt ein einheitliches und untrennbares Ganzes bildet, ein Unterschied nicht machen; hier ist jeder Teil vom anderen abhängig und steht und fällt mit ihm, sowohl was die Geltung nach außen, wie auch was jene nach innen anlangt. Daß der übermächtige Druck der Ereignisse dem Vertrag in seiner Gesamtheit nach beiden Seiten jede Bedeutung genommen hatte, war im Herbst 1918 für jedermann ohne weiteres erkennbar; es konnte der Reichsregierung nicht zugemutet werden, den Reichsangehörigen diese Tatsache ausdrücklich amtlich kundzutun. (V, 23. Mai 1925.)

Amtl. Sammlg. S. 40—45.

Vgl. Bd. 102 S. 108; Bd. 103 S. 106; Bd. 105 S. 169.

13. **Nichtiges Kaufangebot. Forderungsabtretung. Guter Glaube. Vorlegung.** (BGB. §§ 117, 313, 405, 413.) Ein Kaufangebot über ein Grundstück wurde notariell beurkundet; das Recht aus ihm wurde abgetreten. Der Erwerber nahm das Angebot an und klagte auf Auflassung. Der Verkäufer wendet ein, daß der Kaufpreis unrichtig angegeben und der Kauf darum nichtig sei. Die Klage wurde abgewiesen. Die unrichtige Angabe des Kaufpreises hatte die Nichtigkeit des Angebots und demgemäß des Vertrags zur Folge. Der Kläger hatte sich darauf berufen, daß er sich auf die Urkunde über das Angebot verlassen habe. Ihm stand nicht entgegen, daß die Urkunde sich nicht auf eine Forderung bezog. Die Vorschriften über die Abtretung von Forderungen gelten auch für die Abtretung von Rechten und als ein Recht in diesem Sinne ist das aus der Gebundenheit des Antragstellers an das Angebot sich ergebende Recht seines Gegners jedenfalls dann anzusehen, wenn ihm die Befugnis eingeräumt ist, das Recht aus dem Angebot abzutreten. Die Anwendung der Vorschrift scheitert aber daran, daß die Abtretung nicht unter Vorlegung der das Angebot enthaltenden Urkunde erfolgt war. Der Kläger hatte allerdings die Urkunde schon vorher gesehen und im Vertrauen hierauf das Recht erworben; dadurch wurde aber die Vorlegung, die im Gesetz ausdrücklich vorgeschrieben ist, nicht ersetzt (V, 10. Juni 1925.) Amtl. Sammlg. S. 46—48.

14. Wohnungsbeschlagnahme. Vereinbarung. Hoheitsrecht. Rechtsweg. (GVG. § 13.) Eine Aktiengesellschaft vereinbarte mit einer Stadt, daß diese sich der Verfügung über Wohnungen in Häusern der Gesellschaft enthalten und Wohnungen von Angestellten der Gesellschaft im Falle ihres Wegzugs regelmäßig den Nachfolgern überlassen würde. Der zweite Teil der Vereinbarung wurde widerrufen; die Klage auf Feststellung, daß er trotz des Widerrufs rechtswirksam sei, hatte keinen Erfolg. Durch die Vereinbarung sollte die Stadt verpflichtet werden, von der Beschlagnahme von Wohnungen abzusehen. Eine solche Beschlagnahme ist eine Amtshandlung hoheitsrechtlicher Art; die Stadt konnte daher weder zu ihrer Vornahme noch zu ihrer Unterlassung im Weg eines Verfahrens vor den ordentlichen Gerichten veranlaßt werden. Durch die Klage sollte ein Druck ausgeübt werden, um die Erfüllung der Vereinbarung zu sichern. Der Rechtsweg war demgemäß auch für sie ausgeschlossen; daß sie sich in die Form einer Feststellungsklage kleidete, machte nichts aus. (VI, 12. Juni 1925.)

Amtl. Sammlg. S. 48—49.

Vgl. Bd. 109 S. 294.

15. Urheberrecht. Veräußerung. Stempelabgabe. (Pr. StempStG. §§ 12, 13, 26; Tarifst. 32, 71.) Ein Verleger schloß im Namen des Verfassers eines Schauspiels, der dieses bei ihm in Verlag gegeben hatte, mit einem Schauspielunternehmer einen Vertrag über die Aufführung des Werkes ab, wonach von der Bruttoeinnahme ein Urheberanteil von 10 % an ihn gezahlt werden sollte. Der Vertrag wurde zunächst mit einer Stempelabgabe von 3 Mark belegt; außerdem wurde verfügt, daß von den gezahlten Urheberanteilen jährlich $^2/_3$ % zu entrichten seien. Der Verleger klagte gegen den preußischen Staat auf Feststellung, daß nur 3 Mark Stempelabgabe zu erheben seien. Das Landgericht gab der Klage statt; das Berufungsgericht wies sie ab; das Reichsgericht stellte die Entscheidung des Landgerichts wieder her. Wer zur Stempelabgabe herangezogen wird, kann nicht nur die gezahlte Abgabe im Klageweg zurückverlangen, sondern auch Feststellungsklage auf Nichtbestehen der Pflicht zur Zahlung der Abgabe erheben, wenn die Voraussetzungen der Feststellungsklage gegeben sind. Bei Verträgen sind alle Teilnehmer zur Zahlung der Abgabe verpflichtet; dazu gehören auch die Vertreter der Parteien, sowohl die gesetzlichen als die bevollmächtigten. Das Berufungsgericht hatte das Geschäft als Veräußerungsgeschäft angesehen. Das ließ sich nicht halten. Die Befugnis des Schauspielunternehmers, die ihm durch den Vertrag zugestanden wurde, erschöpfte sich darin, daß er das Werk eine Zeit lang aufführen durfte; darin war keine Übertragung des Urheberrechts zu finden. (VI, 16. Juni 1925.)

Amtl. Sammlg. S. 49—53.

Vgl. Bd. 31 S. 295; Bd. 57 S. 40; Bd. 75 S. 402; Bd. 76 S. 32, 235; Bd. 83 S. 21.

16. Kirche und Schule. Vermögensauseinandersetzung. (PrVolksSchulUnterhG. §§ 24, 28, 30, 32.) In einer preußischen Gemeinde war die Lehrerstelle mit dem Amt des Küsters und Organisten vereinigt. Die Kirchengemeinde klagte gegen die Schulgemeinde auf Feststellung ihres Alleineigentums an gewissen Grundstücken. Ihre Klage drang durch. Die Vermögensauseinandersetzung ist in solchen Fällen auch bei einstweiliger Beibehaltung der Ämtervereinigung zulässig, um bei einer künftigen Trennung Streitigkeiten zu vermeiden; die Klage war also unabhängig von einer Trennung der Ämter zulässig. Gegenstand der Auseinandersetzung ist die rechtliche, nicht die tatsächliche Seite des Gemeinschaftsverhältnisses. Soweit das Eigentum und die alleinige Berechtigung der Kirchengemeinde an den streitigen Vermögensgrundstücken erwiesen wurde, vermochte ihre gemeinschaftliche Bestimmung zu Kirchen- und Schulzwecken, obwohl sie bis zur Trennung aufrechterhalten blieb, die Auseinandersetzung nicht zu beeinflussen. Die Vorschrift, daß außer dem Vermögen selbständiger Schulstiftungen die sonstigen, zu Schulzwecken bestimmten Vermögensstücke, welche im Eigentum dritter Personen, besonders von Kirchengemeinden stehen, ihren Zwecken erhalten bleiben, sagt nur, daß hier ein Vermögensübergang auf die Schulgemeinde nicht stattfindet; sie gilt aber nicht für den besonders geregelten Fall der Auseinandersetzung eines vereinigten Kirchen- und Schulamts. Auch die Vorschrift, daß die auf besonderen Rechtstiteln beruhenden Verpflichtungen dritter Personen für die Zwecke der Schule bestehen bleiben, stand der Klage nicht entgegen, da solche Rechtstitel öffentlich-rechtlicher oder privatrechtlicher Art nicht nachgewiesen waren. Weder die geschichtliche Entwicklung noch Gründe der Billigkeit zwingen dazu, das Eigentum der Kirche an dem vereinigt gewesenen Stellenvermögen zu teilen oder zugunsten der Schule zu beschränken. Die Bindung des kirchlichen Vermögens steht und fällt hier mit der Dauer der Vereinigung der Ämter. (IV, 18. Juni 1925.) Amtl. Sammlg. S. 53—60. Vgl. Bd. 78 S. 9.

17. **Aufwertung von Mietzinsen. Schiedsspruch. Gestaltungsurteil.** (BGB. § 242; ZPO. § 1041.) Im Januar 1920 wurde ein Gebäude in Bremen auf 15 Jahre vermietet; alle Streitigkeiten aus dem Vertrag sollten durch ein Schiedsgericht entschieden werden. Im Oktober 1923 beantragte der Vermieter Erhöhung des Mietzinses mit Rücksicht auf die eingetretene Geldentwertung. Dem Antrag wurde für die Zeit bis zum 1. Oktober 1923 stattgegeben; der Schiedsspruch wurde für vollstreckbar erklärt. Der Mieter klagte auf Aufhebung des Schiedsspruchs. Die Klage wurde abgewiesen. Der Kläger hatte behauptet, das Schiedsgericht habe nicht nur den ursprünglich vereinbarten Mietzins entsprechend den in Bremen maßgebenden Teuerungsrichtzahlen aufgewertet, sondern einen neuen Mietzins festgesetzt, somit ein Gestaltungsurteil erlassen, wofür ihm die Zuständigkeit gefehlt habe. Für die Aufwertung bildet aber der Goldwert der geschuldeten Leistung nicht die oberste Grenze; sie **kann** in geeigneten Fällen auch darüber hinausgehen. Ob das Schiedsgericht in dieser Weise vorgegangen war, hatte das ordentliche Gericht nicht nachzuprüfen. Für die Bejahung der Zulässigkeit des schiedsgerichtlichen Verfahrens genügte es, daß Aufwertungsanträge vor das Schiedsgericht gebracht worden waren, die sich aus dem abgeschlossenen Vertrag selbst ergaben, und daß das Schiedsgericht über diese Anträge erkannt hatte. Das Schiedsgericht hatte einen schon im Jahre 1920 gestellten Antrag auf Erhöhung des Mietzinses wegen Mangels der Zuständigkeit abgelehnt. Daraus hatte der Beklagte gefolgert, daß zwischen den Parteien rechtskräftig feststehe, das

Schiedsgericht dürfe den Mietzins nicht erhöhen. Mit diesem Einwand war nicht die Zulässigkeit des schiedsrichterlichen Verfahrens, sondern die sachliche Richtigkeit des gefällten Schiedsspruchs bekämpft. Der Einwand gehörte in das schiedsrichterliche Verfahren, war dort auch vorgebracht und vom Schiedsgericht abgelehnt worden. Die Richtigkeit dieser Entscheidung war nicht nachzuprüfen. (VI, 19. Juni 1925.)

Amtl. Sammlg. S. 60—63.

Vgl. Bd. 100 S. 129; Bd. 110 S. 371.

18. **Steuervergütung. Amtspflichtverletzung. Schadenersatz. Rechtsweg.** (RVerf. Art. 131; BGB. § 839; RAbgO. § 227; GVG. § 13; Gesetz über die Berücksichtigung der Geldentwertung in Steuergesetzen vom 20. März 1923.) Ein Klavierhändler führte im Sommer 1922 zahlreiche Klaviere ins Ausland aus und beantragte im Oktober 1922 die Zurückzahlung der dafür gezahlten Luxussteuer. Dem Antrag wurde erst im September 1923 stattgegeben. Mit der Begründung, daß die Erledigung des Antrags schuldhaft verzögert und daß infolgedessen der Betrag verspätet in entwertetem Geld ausgezahlt worden sei, wurde gegen das Reich auf Schadenersatz geklagt. Das Reich berief sich auf Unzulässigkeit des Rechtswegs. Die Einrede wurde in allen Instanzen verworfen. **Eine Klage, die sich auf eine in einer Steuersache begangene Amtspflichtverletzung stützt, ist keine Steuersache im Sinne der Reichsabgabenordnung; demgemäß ist der Rechtsweg für sie nicht ausgeschlossen.** Über den Vergütungsanspruch des Klägers, über den allein die Finanzbehörden zu entscheiden hatten, bestand kein Streit; er war durch den Bescheid vom September 1923 und die Auszahlung des Betrags erledigt worden. Der Klageanspruch hatte seine Grundlage nicht in irgendwelchen steuerrechtlichen Normen, sondern in der Amtspflichtverletzung des Beamten. **Der Klage stand auch nicht entgegen, daß eine Aufwertung des Vergütungsanspruchs des Klägers nach den hierüber erlassenen besonderen Vorschriften nicht in Frage kam; umgekehrt würde durch eine solche Aufwertung die Klage entkräftet worden sein.** (III, 5. Mai 1925.)

Amtl. Sammlg. S. 64—66.

Vgl. Bd. 103 S. 430; Bd. 110 S. 165.

19. Firmenrecht. Unlauterer Wettbewerb. (UWG. § 16.) Die offene Handelsgesellschaft S. J. Arnheim, Kunstschlosserei in Berlin, betreibt seit dem Jahre 1833 in Berlin eine Geldschrankfabrik. Ende 1918 wurde ebendort eine offene Handelsgesellschaft Hermann Arnheim, Kunstschlosserei und Geldschrankfabrik, gegründet; der eine Teilhaber, Hermann Arnheim, hatte seit 1870 eine kleine Kunstschlosserei in Berlin betrieben. Die erste Gesellschaft klagte gegen die zweite auf Löschung ihrer Firma, Verbot des Gebrauchs und Schadenersatz. Während des Rechtsstreits wurde die beklagte Gesellschaft in eine Aktiengesellschaft mit der Firma „Aktiengesellschaft Hermann Arnheim" umgewandelt. In zwei Instanzen wurde die Klage abgewiesen. Die Revision der Klägerin hatte Erfolg. Das Berufungsgericht hatte angenommen, daß am 1. Oktober 1909, dem Tage des Inkrafttretens des neuen Gesetzes gegen den unlauteren Wettbewerb, Hermann Arnheim befugterweise seinen Namen als gewerbliche Bezeichnung im Geschäftsverkehr geführt habe und demgemäß weiter habe führen dürfen, daß folgeweise die Verwendung dieses Namens als Bestandteil der Firma der im Jahre 1918 gegründeten offenen Handelsgesellschaft „Hermann Arnheim, Kunstschlosserei und Geldschrankfabrik" zulässig gewesen sei und daß also auch die Beibehaltung in der Firma der Aktiengesellschaft nicht gegen das Gesetz verstoße. Das Reichsgericht hob demgegenüber hervor, daß die Benutzung einer Firma im geschäftlichen Verkehr eine fortgesetzte Handlung darstellt; haben die einzelnen Teilhandlungen schon vor dem Inkrafttreten des neuen Gesetzes begonnen und werden sie nachher fortgesetzt, so findet auf die späteren Teilhandlungen das neue Gesetz Anwendung. Bei der Beurteilung der Sache konnte nicht davon ausgegangen werden, daß am 1. Oktober 1909 beide Firmen nebeneinander bestanden; die Tatsache, daß die Firma der Klägerin erheblich älter war, konnte nicht außer Beachtung bleiben. Nach dem früheren Gesetz gegen den unlauteren Wettbewerb war das höhere Alter einer Firma allerdings nur dann von Bedeutung, wenn bei der Wahl der jüngeren Firma die Absicht mitwirkte, Verwechslungen hervorzurufen; nach dem neuen Gesetz genügt aber schon die Gefahr der

Verwechslung, um einer solchen Wahl entgegenzutreten. Eine Ausnahme für solche Firmen, die schon vor dem 1. Oktober 1909 geführt worden sind, findet sich im Gesetz nicht; auch dafür, daß es sich stillschweigend eine solche Beschränkung auferlegen wollte, fehlt es an jedem Anhalt. Dadurch, daß nach früherem Recht die Führung einer Firma berechtigt war, wurde auch kein wohlerworbenes Recht, sie unter der Herrschaft des neuen Rechts fortzuführen, begründet. Kam der Tatsache, daß eine Firma älter als die andere war, nach dem früheren Recht keine Bedeutung bei, so folgte daraus nicht, daß dieser Umstand nun auch weiter außer Betracht bleiben mußte. Demgemäß mußte die beklagte Gesellschaft es vermeiden, eine Firma zu wählen, die zu Verwechslungen mit jener der Klägerin geeignet war. Darüber, daß die gewählte Firma eine Verwechslungsgefahr begründete, konnte kein Zweifel sein. Ein Recht zur Aufnahme des Personennamens eines der Gründer in die Firma einer Aktiengesellschaft besteht nicht. (II, 22. Mai 1925.) Amtl. Sammlg. S. 66—72. Vgl. Bd. 77 S. 29; Bd. 78 S. 265.

20. **Reisegepäck. Kostbarkeit. Haftung der Eisenbahn.** (HGB. §§ 465, 467; EVO. §§ 30, 35, 57, 96.) Ein Reisekoffer, der mehrere Anzüge, verschiedene Bekleidungsstücke und außerdem 11 Meter Seide enthielt, kam abhanden. Der Eigentümer verlangte Ersatz. Die Reichsbahngesellschaft machte geltend, daß die Gegenstände nicht Reisegepäck und zum großen Teil Kostbarkeiten gewesen seien. In zwei Instanzen wurde die Klage abgewiesen. Die Revision des Klägers hatte Erfolg. Als Reisegepäck können Gegenstände aufgegeben werden, die dem persönlichen Gebrauch des Reisenden auf der Reise dienen sollen; es muß durch seine Verpackung als solches erkenntlich sein. Werden mit solchen Gegenständen auch andere, die nicht als Reisegepäck versandt werden dürfen, einheitlich zusammengepackt, so haftet die Eisenbahn, wenn sie zu Verlust gehen, nicht nach den Vorschriften über Reisegepäck; die Haftung für die anderen Gegenstände entfällt aber hiedurch nicht. Der Begriff des Reisegepäcks ist nicht ängstlich, dem Wortlaut nach, sondern ausdehnend auszulegen; als Reisegepäck können auch Gegenstände zugelas-

sen werden, deren Verwendung in einem näheren Zusammenhang mit dem Zweck der Reise steht, so daß der Reisende ihrer aus persönlichen oder wirtschaftlichen Gründen in nicht allzuferner Zeit am Ziele der Reise bedarf. Je nach den persönlichen Verhältnissen und dem Zweck der Reise wird der Umfang dieser Gegenstände verschieden sein. Das, was nach den besonderen Verhältnissen der Reisende als Gepäck mit sich zu führen pflegt und was er in nicht zu ferner Zeit für die Bedürfnisse seiner Person, seiner etwa mitreisenden Angehörigen und seines Haushalts zu benutzen beabsichtigt oder als übliche Geschenke mitbringt, wird als Reisegepäck anzusehen sein; ob die Gegenstände überwiegen, die auf der Reise selbst gebraucht werden, ist nicht ausschlaggebend. Die in dem Koffer enthaltene Seide war zu einem Geschenk für die Frau des Klägers bestimmt; damit wurde nicht ausgeschlossen, daß sie zum Reisegepäck gehörte. Die Sache wurde zurückverwiesen (I, 23. Mai 1925.)

Amtl. Sammlg. S. 72—76.

Vgl. Bd. 97 S. 109; Bd. 106 S. 194.

21. **Gesellschaft. Geldentwertung. Papiermarkanlage. Auseinandersetzung.** (BGB. §§ 705, 726, 733.) Eine englische Verlagsgesellschaft erbot sich im September 1922, einem deutschen Verleger das alleinige Recht einer deutschen Ausgabe der Kriegserinnerungen des englischen Ministers Lloyd George für 1500 Pfund Sterling zu überlassen; 150 Pfund sollten bei Unterzeichnung des Vertrages, der Rest je zur Hälfte nach Lieferung der ersten 100 000 Worte und nach Lieferung des Schlusses des Werkes bezahlt werden. Der deutsche Verleger schloß mit einem Kaufmann einen Gesellschaftsvertrag; er übernahm die Herstellung und den Vertrieb des Buches, während der neu eintretende Gesellschafter den Betrag von 1500 Pfund in die Gesellschaft einzahlen sollte; der Betrag sollte ihm in Mark nach dem Kurs des Einzahlungstages gutgeschrieben werden. 150 Pfund zahlte er ein. Da die englische Verlagsgesellschaft keine Urschrift lieferte und Lloyd George eine Reihe von Artikeln erscheinen ließ, die es zweifelhaft machten, ob die Herausgabe seiner Kriegserinnerungen sich

lohnte, wurde der Vertrag mit ihr rückgängig gemacht und die Gesellschaft aufgelöst. Über die Auseinandersetzung kam es zu Streitigkeiten. Der zweite Gesellschafter erhob Klage auf Zurückzahlung des Betrags, der nach Wegfertigung der Schulden der Gesellschaft von seinen 150 Pfund noch übrig bleiben würde; die Umrechnung sollte nach dem Tage der Auszahlung erfolgen. Der beklagte Gesellschafter verlangte, daß die 1500 Pfund als Gesellschaftsvermögen betrachtet und dem Kläger als Einlage nach dem Kurs des Tages der Unterzeichnung des Gesellschaftsvertrags gut gerechnet werden sollten. In allen Instanzen wurde entschieden, daß Gewinn und Verlust zur Hälfte zwischen beiden Parteien zu teilen und daß dem Kläger die von ihm eingelegten 150 Pfund in Goldmark nach dem Kurs in Frankfurt am Tage der Einbringung zurückzugeben seien. Der Zweck der Gesellschaft bestand in der Verwertung des von der englischen Gesellschaft zu erwerbenden Verlagsrechts. Zu diesem Zweck hatte der Kläger der Gesellschaft 1500 Pfund zur Verfügung zu stellen; die Einzahlung konnte aber nur in der Weise verlangt werden, wie der Betrag an die englische Gesellschaft abzuführen war. Vom Augenblick der Endigung der Gesellschaft konnte die Einzahlung dieses Betrages, da sie nicht mehr zur Erreichung des gemeinsamen Zweckes zu dienen vermochte, nur noch gefordert werden, soweit sie zur Berichtigung von Gesellschaftsschulden notwendig war. Das war nicht der Fall. Die Auffassung des Beklagten, daß die Sache so zu behandeln sei, als ob der Kläger 1500 Pfund eingelegt und diese zur Aufbewahrung für die Gesellschaft mit der Verpflichtung zur jederzeitigen Herausgabe wieder zurückerhalten hätte, ließ sich nicht halten. Demgemäß war nur zu prüfen, in welcher Weise der einbezahlte Betrag von 150 Pfund der Auseinandersetzung zugrunde zu legen war. Daß der Nennbetrag der Papiermarkeinlage, wie sie nach dem Tage der Einzahlung errechnet wurde, maßgebend sein sollte, war dem Vertrag nicht zu entnehmen. Zur Zeit des Vertragsschlusses hatte die Papiermark ihre Eigenschaft als Geld verloren; auch konnte an ihrem weiteren Sinken nicht mehr gezweifelt werden. Ohne eine besondere Vereinbarung waren demnach die Papiermarkeinlagen als nicht in Geld bestehende Einlagen anzusehen, für die nach Endigung der Gesellschaft der Wert zu ersetzen war, den sie zur Zeit der Einbringung hatten. Für alle persönlichen Gesellschaften des Handelsrechts ist daran festzuhalten, daß die Papiermarkposten der Bilanzen von 1922 behufs Berechnung der Kapitalkonten der Gesellschafter umgewertet werden müssen. Ob der Beklagte beim Abschluß des Gesellschaftsvertrags der Meinung war, daß für die künftige Auseinandersetzung schlechthin der Nennbetrag der Papiermarkeinlage des Klägers maßgebend sein solle, war unerheblich; er hatte dieser Auffassung nicht in einer Weise Ausdruck gegeben, daß der Kläger, um nicht als zustimmend zu gelten, nach Treu und Glauben und nach den im Verkehr unter Kaufleuten geltenden Gewohnheiten und Gebräuchen hätte Widerspruch erheben müssen. (II, 26. Mai 1925.)

Amtl. Sammlg. S. 77—86.

22. **Rücktritt. Rechtsmangel. Beschlagnahme. Verfallerklärung.** (BGB. §§ 294, 324, 326, 434; EinfVO. von 1920 § 3.) Ein Kaufmann in Holland verkaufte im Febuar 1920 einen großen Posten Hemdentuch an eine deutsche Gesellschaft; die Lieferung sollte nach Beendigung des Streiks in Holland erfolgen. Am 6. April 1920 setzte der Käufer dem Verkäufer eine Nachfrist bis 12. April mit der Erklärung, daß er nach deren Ablauf vom Vertrag zurücktreten werde. Als die Ware anfangs Mai 1920 in Berlin eintraf, wurde die Annahme abgelehnt. Die Ware, die sich noch im Zollverschluß befand, wurde in Beschlag genommen und, nachdem die Einfuhrbewilligung zurückgenommen war, für verfallen erklärt; ein Teil des Erlöses bei der Versteigerung wurde dem Verkäufer ausbezahlt. Er klagte auf Zahlung des vereinbarten Preises nebst Zinsen. In allen Instanzen wurde die Klage abgewiesen. Infolge der Verfallerklärung war Unmöglichkeit der Lieferung eingetreten; durch sie war das Eigentum der Ware auf das Reich übergegangen. Über die Rechtmäßigkeit der Beschlagnahme hatte das Reichswirtschaftsgericht zu entscheiden; den ordentlichen Gerichten kam eine Nachprüfung der Rechtsbeständigkeit

dieser Maßnahme nicht zu. Der Rechtsmangel, der dadurch begründet wurde, bestand allerdings noch nicht zur Zeit des Angebots der Ware; damals war weder die Einfuhrbewilligung beanstandet noch eine Beschlagnahme verfügt und es drohte auch keine Verfallerklärung. Aber der Einfuhrbewilligung wurde durch die nachfolgenden behördlichen Anordnungen rückwirkend die Kraft entzogen, die Einfuhr der Ware zu einer erlaubten zu gestalten, und demnach mußte die Sache so angesehen werden, als ob die Einfuhr ohne Erlaubnis erfolgt wäre. Die Ware war also von Anfang an dem Zugriff des Reichs im Wege der Verfallerklärung unterworfen und es konnte schon das Leistungsangebot des Klägers nicht mehr als vertragsmäßig gelten, weil die Ware mit einem Rechtsmangel behaftet war. Ohne Bedeutung war, daß der Beklagte das damals nicht wußte und sich darum auf diesen Mangel nicht berief. Da sonach ein Annahmeverzug nicht vorlag, konnte Zahlung nicht verlangt werden. (II, 9. Juni 1925.) Amtl. Sammlg. S. 86—90. Vgl. Bd. 83 S. 314; Bd. 105 S. 192, 273, 390; Bd. 106 S. 350, 406.

23. **Wasserrecht. Mühlenrecht. Grunddienstbarkeit. Reallast. Ersitzung.** (EGzBGB. Art. 65, 189; PrAGz. BGB. Art. 89; PrAblG. §§ 7, 91; PrALR. § 35 I 22, § 649 I 9; PrWassG. §§ 379, 382, 399.) An einem Fluß in Preußen lag eine Mühle. Das Wasser zu ihrem Betrieb wurde ihr durch einen Graben zugeleitet, in den es durch ein in den Fluß eingebautes Wehr gedrängt wurde. Sowohl der Graben als das Wehr befanden sich auf einem **Grundstück**, das zu einem Rittergut gehörte. Im Jahre 1917 wurde das Wehr durch ein Hochwasser fortgerissen. Der Müller besserte es aus und verlangte hiefür Ersatz von dem Rittergutsbesitzer. In zwei Instanzen wurde seine Klage abgewiesen; die Revision hatte Erfolg. Zugunsten der Mühle war das Rittergut mit der Dienstbarkeit belastet, die Haltung der Wehranlage zu gestatten. Die Unterhaltung einer auf dem belasteten Grundstück bestehenden Anlage konnte schon nach dem preußischen Landrecht und kann auch nach dem Bürgerlichen Gesetzbuch mit zum Inhalt einer Grunddienstbarkeit gemacht werden dergestalt, daß

sich die Pflicht hierzu nach den Vorschriften über die Reallasten näher bestimmt. Da eine Vereinbarung dieses Inhalts nicht nachzuweisen war, kam nur Ersitzung in Frage. Seit dem Ablösungsgesetz von 1850 können in Preußen Reallasten mit Ausnahme von festen Geldrenten einem Grundstück nicht mehr auferlegt werden; dagegen war der Erwerb einer Grunddienstbarkeit und auch die Erweiterung ihres Inhalts auf dem Wege der Ersitzung möglich. Seit der Anlegung des Grundbuchs ist ein Rechtserwerb an Grundstücken im Wege der Ersitzung ausgeschlossen; auch eine schon im Laufe befindliche Ersitzung konnte sich seitdem nicht mehr vollenden. Das gilt aber nicht für jene Rechtsgebiete, die der landesrechtlichen Regelung vorbehalten sind; hier kann auch nach der Anlegung des Grundbuchs noch die Begründung von Rechten an Grundstücken mit einem nach dem Bürgerlichen Gesetzbuch zulässigen Inhalt im Wege der Ersitzung gestattet werden. Demgemäß sind in Preußen die wasser- und mühlenrechtlichen Vorschriften in Kraft geblieben, nach denen ein Rechtserwerb durch Ersitzung zulässig war. Die Vorschriften des preußischen Landrechts ließen einen solchen Erwerb zu. Diese Vorschriften sind nicht ausdrücklich aufrechterhalten worden, wohl aber die entsprechenden Vorschriften des in Preußen geltenden französischen und gemeinen Rechts; mangels eines ersichtlichen inneren Grundes muß es darum als ausgeschlossen angesehen werden, daß für das preußische Landrecht etwas anderes beabsichtigt war. Daß dies die maßgebende Auffassung war, ergab sich auch daraus, daß im Wassergesetz von 1913 Vorschriften des preußischen Landrechts, die für das Wasserrecht galten, besonders aufgehoben wurden, während andrerseits die auf besonderen Titeln beruhenden Rechte an Wasserläufen aufrechterhalten wurden. Demnach war bis zum 30. April 1914, mit dessen Ablauf das Wassergesetz in Kraft trat, eine Ersitzung von Grunddienstbarkeiten auf dem Gebiete des Wasser- und Mühlenrechts möglich und die auf solche Weise erworbenen Rechte blieben in Kraft. (V, 18. Oktober 1924.) Amtl. Sammlg. S. 90—98.

Vgl. Bd. 11 S. 316; Bd. 60 S. 90; Bd. 79 S. 375.

24. **Grundstückskauf. Heilung der Richtigkeit. Treu und Glauben.** (BGB. §§ 313, 873.) Ein Grundstück wurde verkauft und aufgelassen. Vor der Umschreibung erwirkte der Verkäufer mit der Begründung, daß der Kaufpreis unrichtig angegeben worden sei, eine einstweilige Verfügung, durch die dem Grundbuchamt die Umschreibung verboten wurde. Auf die Beschwerde des Käufers wurde die einstweilige Verfügung aufgehoben und die Umschreibung vorgenommen. Der Verkäufer klagte auf Rückauflassung. Das Berufungsgericht wies die Klage ab, die Revision wurde verworfen. Zur Heilung der Formungültigkeit eines Vertrags über den Erwerb eines Grundstücks genügt es, wenn die Beteiligten im Zeitpunkt der Auflassung noch an dem Vertrag festgehalten haben; die mit der Auflassungserklärung eingetretene Bindung schließt einen einseitigen Widerruf nach der schuldrechtlichen wie nach der sachenrechtlichen Seite aus. Der mit der Auflassung erklärte Wille, den Vertrag zu erfüllen, wirkt rechtlich noch im Zeitpunkt der Eintragung fort, auch wenn er dann bei einem Teil tatsächlich nicht mehr vorhanden ist. Das gilt nur dann nicht, wenn die Auflassung vor der Eintragung wieder aufgehoben wird; daß der Anspruch hierauf geltend gemacht wird, reicht nicht aus, denn die Aufhebung erfordert die Abgabe einer darauf gerichteten Erklärung des anderen Teils und diese muß bei seiner Weigerung im Klageweg erzwungen werden. Wird vor der Rechtskraft des Urteils die Umschreibung vollzogen, so ist der Formmangel geheilt und fällt die Möglichkeit, die Auflassung rückgängig zu machen, hinweg. Das Verhalten des Beklagten ging auch keineswegs gegen Treu und Glauben. Er hatte durch die Auflassung ein unwiderrufliches Recht erlangt, die Eintragung des Eigentumsübergangs im Grundbuch zu beantragen; die Tatsache, daß der Kläger bemüht war, dieses Recht wieder zu zerstören, begründete für den Beklagten keine Verpflichtung, die Ausübung dieses Rechts bis zur Entscheidung des Rechtsstreits zu unterlassen. Ob eine andere Beurteilung geboten gewesen wäre, wenn der Beklagte gewußt hätte, daß der Kläger die Auflassung in der irrigen Meinung erklärt hatte, dazu verpflichtet zu sein, blieb dahingestellt; derartige Behauptungen waren nicht vorge-

bracht worden (V 18 März 1925.) Amtl Samml. S. 98—102. Vgl. Bd. 60 S. 338; Bd. 108 S. 329; Bd. 109 S. 351.

25. **Versicherung. Verjährung. Verzug. Aufwertung. Treu und Glauben.** (BGB. § 242, 286; VVG. § 12.) Auf Grund einer Versicherung gegen Diebstahl wurde im März 1919 auf einen Schadenersatz in der Höhe von 7000 Mark geklagt. Das Urteil, das den Anspruch als gerechtfertigt anerkannte, wurde am 12. Juni 1922 rechtskräftig. Der Kläger erhöht nun seinen Anspruch auf 8500 Goldmark, indem er Verzug der beklagten Gesellschaft behauptete. Die Gesellschaft berief sich gegenüber der Erhöhung auf Verjährung. Das Berufungsgericht wies die Einrede zurück. Das Reichsgericht unterschied, wie weit die Erhöhung als Aufwertung, wie weit sie als Verzugsschaden anzusehen sei. Der Goldwert der ursprünglich eingeklagten 7000 Mark betrug damals 4500 Mark, der neuerdings erhobene Anspruch ging also wesentlich über den voll aufgewerteten ursprünglichen Klageanspruch hinaus. Mit der Mehrforderung wurde Verzugsschaden verlangt mit der Begründung, daß die Preise der gestohlenen Gegenstände gestiegen seien und daß der Kläger mit dem voll aufgewerteten Entschädigungsbetrag nicht mehr in der Lage sei, sich die gestohlenen Gegenstände wieder zu beschaffen. Dieser Verzugsschaden war in der Klage noch nicht geltend gemacht. Der Versicherungsnehmer kann bei eingetretenem Versicherungsfall nur Ersatz des erlittenen Schadens verlangen und auch diesen nur im Rahmen der vertraglich vereinbarten Versicherungssumme; wenn aber der Versicherer mit der Zahlung der Entschädigungssumme in Verzug gerät, so ist er, wie jeder Schuldner, nach den allgemeinen Rechtsgrundsätzen verpflichtet, dem Versicherungsnehmer auch den durch den Verzug entstandenen Schaden, ohne Rücksicht auf die Höhe der Versicherungssumme, zu ersetzen. Die Verjährungsfrist für den Anspruch auf Verzugsschaden ist die gleiche wie für den Anspruch aus dem Versicherungsvertrag; sie beginnt aber nicht schon mit dem Schluß des Jahres zu laufen, in dem der Versicherungsanspruch geltend gemacht werden kann, denn sonst könnte ein Anspruch wegen Verzugs schon verjährt sein, bevor er entstanden wäre, sondern erst mit dem Schluß des Jah-

res, in dem der Verzugsschaden entstanden ist. (VI, 9. Juni 1925.) Amtl. Sammlg. S. 102—105.

26. Tarifvertrag. Passive Resistenz. Erfüllungsgehilfe. Gesamtvertrag. Haftung für fremdes Verschulden. Friedensklausel. (BGB. § 278; TarVBO. § 1; GewO § 123.) Nach einem Tarifvertrag sollten bei allen Streitigkeiten, wenn die Betriebsvertretung keine Einigung herbeiführen konnte, der Schlichtungsausschuß oder das Gewerbegericht angerufen werden; die Arbeiter sollten die Arbeit nicht niederlegen, der Arbeitgeber keine Aussperrung vornehmen dürfen. Beide Teile verpflichteten sich ausdrücklich zur Einhaltung dieses Vertrags. Durch einen Nachtrag wurde vereinbart, daß die Löhne monatlich festgesetzt werden sollten. Im April 1922 konnte über die Löhne keine Einigung erzielt werden. Die Entscheidung des Schlichtungsausschusses wurde vom Arbeitgeber, aber nicht von den Arbeitern angenommen. Am kommenden Tag kamen die Arbeiter zwar in die Fabrik, übten aber passive Resistenz aus, indem sie entweder gar nicht oder so wenig arbeiteten, daß eine ordnungsmäßige Aufrechterhaltung des Betriebs nicht möglich war. Der Arbeitgeber veranlaßte die Einberufung einer Betriebsversammlung; diese beschloß aber, in der passiven Resistenz zu verharren. Der Arbeitgeber machte hiervon dem Verband Mitteilung und fügte bei, daß er sich weitere Schritte vorbehalte. Am folgenden Tag hielt er die Fabrik geschlossen, erklärte aber den Arbeitern, daß sie wieder geöffnet würde sobald Gewähr bestünde, daß die Arbeit in gewohnter Weise ausgeführt würde. Die Arbeiter traten darauf in den Streik, wählten eine Streikkommission und benachrichtigten davon den Arbeitgeber. Dieser ließ ihnen bekanntgeben, daß sie wegen Vertragsbruchs fristlos entlassen seien. Der Verband, dem die Arbeiter angehörten und mit dem der Tarifvertrag abgeschlossen worden war, bewilligte den Arbeitern Unterstützungsgelder. Nach etwa zwei Wochen kam eine Einigung zustande. Der Arbeitgeber warf dem Verband Tarifvertragsbruch vor und klagte gegen ihn auf Schadenersatz. Das Berufungsgericht wies die Klage ab. Die Revision des Klägers hatte Erfolg. Der Tarifvertrag soll dem wirtschaftlichen Frieden zwischen den Arbeitgebern und Arbeitern dienen und ihn während seiner Dauer aufrechterhalten; den Arbeitern soll er eine sichere Arbeitsstelle mit auskömmlichem Lohn und befriedigenden Arbeitsbedingungen, den Arbeitgebern aber die Sicherheit ungestörten Betriebs und die Möglichkeit einer regelmäßigen Preisberechnung gewährleisten. Zu diesem Zwecke sollen die Vertragsparteien und ihre Mitglieder auf den Versuch verzichten, neue Forderungen mit wirtschaftlichen Kampfmitteln durchzusetzen. Zunächst erzeugt der Vertrag eine Bindung nur zwischen den Vertragsparteien, dem Arbeitgeber (oder der Organisation der Arbeitgeber) und der Organisation der Arbeitnehmer. Daran ändert auch sein öffentlich-rechtlicher Einschlag nichts. Erst durch Vermittlung der einzelnen Arbeitsverträge und nur, soweit sein Inhalt kraft gesetzlicher Vorschriften oder infolge freiwilliger Vereinbarung Eingang in sie findet, bilden seine Bestimmungen auch die Grundlage der rechtlichen Beziehungen zwischen dem Arbeitgeber und den Arbeitnehmern. Verfehlungen der Arbeiter machen die Organisation der Arbeitnehmer nur dann haftbar, wenn sie eine Gewähr für die Wahrung des wirtschaftlichen Friedens für diese übernommen hat. Eine solche wurde vom Kläger darin gefunden, daß sich die Vertragsparteien ausdrücklich zur Ein- und Aufrechterhaltung der Tarifbestimmungen verpflichtet hatten. Das Berufungsgericht hatte eine solche Auslegung der Verpflichtung abgelehnt und das Reichsgericht trat ihm bei. Die Eingehung einer so weitreichenden Gewährleistung wäre mit den Machtmitteln des Verbandes und seinem Einfluß auf widerspenstige Mitglieder nicht im Einklang gestanden und hätte als außergewöhnliche Verpflichtung nur in besonderen Umständen ihre Rechtfertigung finden müssen; sie hätte darum einer unzweideutigen und zweifelsfreien Erklärung bedurft. Dafür lagen keine Anhaltspunkte vor. Soweit also der beklagte Verband die Einhaltung des wirtschaftlichen Friedens nur durch seine Mitglieder zugesagt hatte, hatte er lediglich Handlungen und Unterlassungen dritter Personen versprochen. Damit hatte er eine doppelte Vertragspflicht übernommen: einerseits die Pflicht, die Anstiftung oder Anreizung zu jeder Arbeitsniederlegung und jede Unterstützung oder Förderung eines von den Arbeitern im Widerspruch mit dem Tarifvertrag beschlossenen oder begonnenen Streiks zu unterlassen, anderseits die Pflicht, mit allen ihm zu Gebote stehenden Mitteln für den wirtschaftlichen Frieden zu wirken und seine Mitglieder von der Eröffnung eines Arbeitskampfes abzuhalten. In gleicher Weise hatte durch die Friedensklausel der Kläger unmittelbar sich zur Abstandnahme von wirtschaftlichen Kampfmitteln verpflichtet. Diese Verpflichtung enthielt aber nur einen Verzicht auf deren angriffsmäßige Verwendung; in der Verteidigung wollte und konnte sich der Kläger ohne Gefährdung seines Betriebs nicht beschränken. Er durfte die Arbeiter nicht aussperren, um den Tarifvertrag zu seinen Gunsten zu ändern oder hinsichtlich der Lohnvereinbarung den Arbeitern seinen Willen aufzuzwingen; dagegen war er nicht gehindert, die ihm als Angriffsmittel versagten Kampfmaßnahmen verteidigungsweise zu benutzen und zwar gleichviel, ob der Verband die Friedenspflicht verletzte oder ob die Arbeiter wider den Willen des Verbandes ihm durch Streik den Arbeitskampf aufnötigten. Aufrechterhaltung und Förderung des Betriebs ist gerade der Zweck der Arbeitsgemeinschaft zwischen Arbeitgeber und Arbeitnehmer. Treten die Arbeiter durch einen dem Tarifvertrag zuwiderlaufenden Streik aus dem Rahmen der Arbeitsgemeinschaft heraus, entziehen sie damit der Betriebs- und Produktionsgemeinschaft den Boden, auf dem sie aufgebaut ist, so muß der Arbeitgeber die Macht haben, dem ihm aufgezwungenen Arbeitskampf mit sachgemäßen wirtschaftlichen Abwehrmitteln zu begegenen und mit ihrer Hilfe seine möglichste Abkürzung zu versuchen. Das entspricht der Billigkeit und den Grundsätzen von Treu und Glauben. Das Recht, die Betriebsinteressen gegen die vertragsbrüchigen Arbeiter zu vertreten, stand dem Kläger auch gegenüber dem Verband zu, denn die Arbeiterschaft bildete ja einen Teil des Verbandes. Dieser hatte in Betätigung des Kollektivvertragsgedankens und im Vertrauen auf die Verbandstreue der Mitglieder dem Kläger die Wahrung des wirtschaftlichen Friedens durch die Arbeiter versprochen. Täuschten die Arbeiter dieses Vertrauen, gingen sie ihre eigenen mit dem Tarifvertrag unvereinbaren Wege, so hörte in diesem Augenblick die Gebundenheit des Klägers an die Friedensverpflichtung dem Verband gegenüber auf. Demgemäß waren die im Tarifvertrag mißbilligten Kampfhandlungen der Arbeiterschaft, obwohl sie nicht Vertragspartei war, doch von entscheidendem Einfluß auf das Rechtsverhältnis der Vertragsparteien selbst; das ist eine notwendige Folge des gesamten Vertragsgedankens. Eine gedeihliche Wirkung der Friedensklausel läßt sich nur erwarten, wenn die Tarifvertragsparteien Hand in Hand gehen und sich gegenseitig Hindernisse nicht in den Weg legen. Treu und Glauben sowie Sinn und Zweck der Friedensklausel können daher unter Umständen verlangen, daß die Tarifvertragsparteien sich vor dem Ausbruch eines Wirtschaftskampfes miteinander in Verbindung setzen und sich bei Anwendung der zu seiner Vermeidung zweckdienlichen Mittel gegenseitig unterstützen. Sie verlangen auch, daß der Arbeitgeber den Arbeitnehmerverband von dem Ausbruch eines Wirtschaftskampfes benachrichtigt. Weiter geht aber seine Mitteilungspflicht nicht; er ist insbesondere nicht verpflichtet, den Verband davon in Kenntnis zu setzen, welche wirtschaftlichen Verteidigungsmittel er zu ergreifen beabsichtigt. Sind die Arbeiter angriffsweise vorgegangen und hat der Arbeitgeber den Tarifvertragsgegner hiervon unterrichtet, so ist es dessen unbedingte Pflicht, jede Unterstützung des tarifwidrig begonnenen Streiks zu verweigern und in kraftvoller Weise im Sinne des Friedens auf die Arbeiter einzuwirken. Hiernach hatte der Kläger in jeder Hinsicht vertragstreu gehandelt, der beklagte Verband aber schuldhaft gegen seine Vertragspflicht verstoßen. Da er sich zum Abschluß des Tarifvertrags seiner Ortsgruppe und ihrer Beamten bedient und sie auch während des Lohnkampfes zur Einwirkung auf die Arbeiter im Sinne des Tarifvertrags benutzt hatte, waren diese Beamten als seine Erfüllungsgehilfen zu betrachten und hatte er ihr Verschulden wie sein eigenes zu vertreten. Der Vorsitzende der Ortsgruppe hatte zwar zunächst einen Streikantrag zu Fall gebracht, war aber der passiven Resistenz nicht entgegengetreten. Passive Resistenz ist schlimmer als ein Streik, denn sie sucht die Streikwirkung ohne nachteilige Folgen für die Arbeiter zu erreichen; sie hängt der tatsächlichen Arbeitsniederlegung das Mäntelchen der Vertragstreue um, um neben dem Druck auf den Arbeitgeber den Arbeitern den Lohn ohne Gegenleistung von ihrer Seite zu erhalten und um, wenn der Arbeitgeber sich zur Wehr setzt, den Anschein zu erwecken, als wäre er der Angreifer. Sie ist als ein unlauteres Kampfmittel, als ein verschleierter Streik anzusehen. Mit der Erklärung der Betriebsvertretung, daß der Beschluß, passive Resistenz zu üben, aufrechterhalten bleibe, war von den Arbeitern der Wirtschaftskrieg in schärfster Form erklärt und der Kläger war sowohl den Arbeitern wie dem beklagten Verband gegenüber befugt, sich mit wirtschaftlichen Abwehrmitteln zu schützen. Die Schließung der Fabrik war eine natürliche und verständliche Maßregel; dem Kläger konnte nicht zugemutet werden, seine Arbeitsräume Arbeitern zu öffnen, die ihre feste Absicht, passive Resistenz zu leisten und damit den Betriebzweck zu sabotieren, kundgegeben hatten. Ebensowenig war zu beanstanden, daß er nach Zurückweisung des Friedensangebots die vertragsbrüchigen Arbeiter fristlos entließ. Auch gegenüber dem beklagten Verband war das Verhalten des Klägers einwandfrei. Er hatte ihn rechtzeitig von der Eröffnung des Wirtschaftskampfes durch die Arbeiter benachrichtigt, ihn auf seine Vertragspflichten aufmerksam gemacht und ihn darauf hingewiesen, daß er sich dem Angriffe der Arbeiter gegenüber nicht gleichgültig verhalten werde. Zu mehr war er nicht verpflichtet; namentlich brauchte er nicht mitzuteilen, daß er die Fabrik schließen und die Arbeiter entlassen werde. Die Nachricht genügte, um die Vertreter des beklagten Verbandes zum Einschreiten zu verpflichten; es war ihre Sache, nun den Arbeitern auf das Bestimmteste zu erklären, daß sie, wenn sie die Fortsetzung des Wirtschaftskampfes verschulden würden, wie sie seinen Beginn verschuldet hatten, auf Unterstützung durch den Verband, insbesondere auf Streikgeld, nicht rechnen dürften. Das war nicht geschehen. Der Vorsitzende wie der Geschäftsführer der Ortsgruppe begnügten sich mit der Erklärung einzelner Arbeiter, daß keine Verhandlungsgrundlage gegeben sei und leiteten diese Erklärung an den beklagten Verband weiter. Dieses Verhalten war fahrlässig und wurde den Tarifvertragspflichten des beklagten Verbandes nicht gerecht. Ebenso fahrlässig handelten die Organe des Verbandes selbst; dieser war über die Sachlage unterrichtet, sah sich aber nicht veranlaßt, mit dem Kläger in Verbindung zu treten oder auf andere Weise vermittelnd einzuschreiten, bewilligte vielmehr Streikgeld, als ob der Kläger zuerst von den wirtschaftlichen Kampfmitteln Gebrauch gemacht hätte und nicht von den Arbeitern zur Verteidigung gezwungen worden wäre. Das war eine grobe Verletzung der Friedensklausel, ein Bruch des Tarifvertrags, zu dem der Kläger keine Veranlassung gegeben hatte. Die Sache wurde zurückverwiesen zum Zwecke der Entscheidung, ob der Ausstand bei vertragstreuem Verhalten des Beklagten oder seiner Hilfsperson vermieden oder wenigstens abgekürzt worden wäre und ob demgemäß das schuldhafte Verhalten des Beklagten und seiner Hilfspersonen für den Schaden des Klägers ursächlich war. (III, 9. Juni 1925.)

Amtl. Sammlg. S. 105—115.
Vgl. Bd. 73 S. 92; Bd. 86 S. 153.

27. **Internationale Gerichtshöfe.** (VersVertr. Art. 304; RVerf. Art. 104; RBeamtG. § 2.) Ein preußischer Richter wurde vom Auswärtigen Amt in den deutsch-französischen Schiedsgerichtshof einberufen und zu diesem Zweck aus dem preußischen Richterdienst beurlaubt. Später wurde er auch dem deutsch-jugoslawischen und dem deutsch-tschechoslowakischen gemischten Schiedsgerichtshof zugeteilt; diese Zuteilung wurde am 2. Februar 1922 zurückgenommen. Er kehrte daraufhin in den preußischen Richterdienst zurück. Mit der Behauptung, daß der Reichsminister des Auswärtigen Amtes nicht befugt gewesen sei, ihn aus seinem Amt als Mitglied der beiden Schiedsgerichtshöfe abzuberufen, klagte er auf Fortzahlung seiner Beschäftigungszulage und auf Feststellung, daß das Deutsche Reich verpflichtet sei, ihm alle durch die ungerechtfertigte Entlassung entstandenen oder entstehenden Schäden zu ersetzen. Im Berufungsverfahren beantragte er weitere Feststellung, daß seine Entlassung aus den beiden Ämtern staatsrechtlich und völkerrechtlich unwirksam sei. Das Berufungsgericht wies die Klage ab. Die Revision des Klägers hatte

Erfolg. Eine allgemein anerkannte Regel des Völkerrechts, daß die Mitglieder internationaler Gerichtshöfe unabsetzbar sind, besteht nicht; sie muß vielmehr jeweils besonders festgelegt werden. Für die gemischten Schiedsgerichtshöfe des Versailler Vertrags besteht eine solche Festlegung nicht. Auch nach deutschem Recht konnte der Kläger eine Unabsetzbarkeit nicht beanspruchen. Die Reichsverfassung erkennt eine solche nur den Richtern der ordentlichen Gerichtsbarkeit zu; zu diesen gehören nur die Mitglieder des Reichsgerichts und der Gerichte der Länder. Zu Unrecht hatte aber das Berufungsgericht dem Kläger die Eigenschaft als Reichsbeamter abgesprochen. Er war vom Reichsminister des Auswärtigen Amtes, dessen Befugnis hierzu außer Streit war angestellt worden; daß er zugleich preußischer Staatsbeamter blieb und nur Urlaub erhielt, stand dem nicht entgegen. Das Beamtenverhältnis wird gekennzeichnet durch das Gewaltverhältnis, das die Einstellung zwischen dem Gemeinwesen und dem Beamten begründet und das diesem eine besondere Gehorsams-, Treue- und Dienstpflicht auferlegt. Daraus mag im Allgemeinen folgen, daß niemand gleichzeitig Beamter von verschiedenen Staaten sein kann. Reich und Länder stehen sich aber nicht als fremde Staaten gegenüber; die Länder sind Glieder des Reichs und bilden mit ihm ein Ganzes; das Endziel ihrer Betätigung ist kein anderes als das des Reichs, die Wohlfahrt des deutschen Volkes. Die Stellung als Reichsbeamter und Landesbeamter schließen sich also nicht gegenseitig aus. Die Erlasse des Reichsministers stellten sich als Anstellungsurkunde dar. Der Kläger konnte also aus den ihm übertragenen Stellungen wider seinen Willen — abgesehen von dem Fall des Disziplinarverfahrens — nur entlassen werden, wenn er unter dem ausdrücklichen Vorbehalt des Widerrufs oder der Kündigung angestellt worden wäre. Das war nicht der Fall. (III, 9. Juni 1925.)

Amtl. Sammlg. S. 115—123.
Vgl. Bd. 43 S. 131.

28. **Reichsrecht. Enteignung.** (RVerf. Art. 13, 153.) Durch ein Gesetz des Freistaates Gotha vom 31. Juli 1919 wurde der Fideikommißbesitz des herzoglichen Hauses beschlagnahmt und als Eigentum des Staates erklärt.

Der Reichsminister des Innern und der bayerische Staatsminister der Finanzen riefen die Entscheidung des Reichsgerichts darüber an, ob dieses Gesetz mit der Reichsverfassung vereinbar sei. Dieses entschied, daß jedenfalls der Reichsminister des Innern zur Stellung des Antrags berechtigt sei; ob auch der bayerische Staatsminister der Finanzen dieses Recht hatte, blieb dahingestellt. In der Sache selbst kam das Reichsgericht zu dem Ergebnis, daß die Verkündung des beanstandeten Gesetzes den im Staatsgrundgesetz vom 3. Mai 1852 vorgeschriebenen Formen nicht entsprach. Daß dieses Staatsgrundgesetz auch nach der Beseitigung der herzoglichen Regierung noch maßgebend war, ergab sich aus einer Verordnung der Volksbeauftragten vom 23. Januar 1919, wonach die neu zu wählende Landesversammlung bis auf weiteres an die Stelle des im Staatsgrundgesetz vorgesehenen Landtags treten sollte. Nach dem Staatsgrundgesetz gehörte zur wesentlichen Form eines Gesetzes die Erwähnung der Zustimmung des Landtags in der Verkündigung; eine solche Erwähnung war unterblieben. Durch ein Landesgesetz vom 24. Dezember 1919 wurde aber mit Wirkung vom 14. Januar 1920 an bestimmt, daß alle von den Volksbeauftragten in der Gesetzessammlung verkündeten Gesetze und Verordnungen in Kraft bleiben sollten. Damit war für Gesetze, die vorher nicht ordnungsmäßig zustande gekommen waren, angeordnet, daß sie nunmehr in Kraft traten; rückwirkende Kraft konnte ihnen nicht verliehen werden. Demgemäß war zu prüfen, ob das Gesetz mit der Reichsverfassung, die inzwischen in Kraft getreten war im Einklang stand, insbesondere, ob es nicht der Vorschrift widersprach, daß eine Enteignung nur zum Wohl der Allgemeinheit und gegen Entschädigung ausgesprochen werden darf. Die thüringische Staatsregierung hatte sich darauf berufen, daß eine Enteignung überhaupt nicht in Frage komme, da das Vermögen, auf das sich das Gesetz bezog, nicht reines Privateigentum des herzoglichen Hauses gewesen sei. Darauf kam es aber nicht an; die Vorschrift über die Enteignung greift auch Platz, wenn irgendwelche Rechte dinglicher oder persönlicher Art entzogen werden. Daß das Vermögen schon im unbeschränkten Eigentum des Staates Gotha stand, war nicht behauptet; für das Eigentum des herzoglichen Hauses sprach auch der Eintrag im Grundbuch. Lag aber eine Enteignung vor, so mußte auch über die Entschädigung etwas gesagt werden; schon daß das Gesetz darüber schwieg, bedeutete einen Verstoß gegen das Reichsrecht, es konnte aber auch kein Zweifel sein, daß durch das Gesetz jede Entschädigung versagt werden sollte. Ob die Enteignung zum Wohle der Allgemeinheit diente, brauchte unter solchen Umständen nicht geprüft zu werden. (VI, 18. Juni 1925.) Amtl. Sammlg. S. 123—134. Vgl. Bd. 102, 423; Bd. 103 S. 93, 200; Bd. 105 S. 253; Bd. 107 S. 275; Bd. 109 S. 310, 319; RGSt. Bd. 53 S. 65; Bd. 54 S. 157.

29. Reichsrecht und Landesrecht. Besteuerung von Kirchengut. Staatsleistungen an Kirchen. (RVerf. Art. 13, 138, 173; FinanzAusglG. § 6; Braunschw.-GrundStG. § 2.) In Braunschweig war der Grundbesitz der Kirchen und Pfarreien der evangelisch-lutherischen Landeskirche von altersher von der Grundsteuer befreit. Durch ein Gesetz vom 26. Februar 1923 wurde diese Befreiung erheblich eingeschränkt. Die Kirchenregierung der Braunschweigischen Landeskirche war der Auffassung, daß die bisherige Befreiung von der Grundsteuer eine staatliche Leistung bedeute und daß darum ihre Aufhebung mit der Reichsverfassung nicht vereinbar sei. Der Reichsminister des Innern beantragte die Entscheidung des Reichsgerichts. Dieses prüfte zunächst seine Zuständigkeit im Hinblick darauf, daß nach dem Finanzausgleichsgesetz im Falle von Meinungsverschiedenheiten zwischen dem Reichsfinanzminister und einer Landesregierung der Reichsfinanzhof entscheidet. Solche Meinungsverschiedenheiten lagen hier nicht vor. Der Reichsminister der Finanzen hatte auch im Einverständnis mit dem Reichsminister des Innern die Entscheidung des Reichsgerichts beantragt. In der Sache selbst kam das Reichsgericht auf Grund eingehender Untersuchung der geschichtlichen Entwicklung zu dem Ergebnis, daß die Steuerfreiheit der Kirchen und Pfarreien in Braunschweig einen wesentlichen Teil der Unterstützung bildete, die der Staat der Kirche zur Bestreitung ihrer Bedürfnisse gewährte, und daß er, wenn sie nicht Bestand hätte, statt ihrer entsprechende Leistungen an die Kirchen hätte machen müssen; daraus wurde gefolgert, daß es im Sinne der Reichsverfassung sei, die Steuerfreiheit der Grundstücke der Kirche in Braunschweig, soweit es sich um die Staatssteuer handelte, ebenso wie wirkliche Staatsleistungen zu behandeln. Aus welchen Gründen solche Staatsleistungen gewährt werden, ist gleichgültig; es genügt, daß sie auf Gesetz beruhen. Unter Staatsleistungen an die Religionsgesellschaften sind dabei alle Beträge zu verstehen, die von den Ländern an die Kirchengemeinschaften zur Bestreitung ihrer sachlichen und persönlichen Aufwendungen geleistet werden, ohne Rücksicht darauf, welche Einrichtungen der Kirche Träger der Berechtigungen werden; es ließ sich nicht einwenden, daß die Vergünstigung für die Pfarreien, welche in Braunschweig selbständige Rechtsfähigkeit genießen, nicht als Leistung an die Religionsgesellschaft anzusehen sei. Demgemäß blieben die bisherigen Leistungen des Staates bis zum Erlaß des Ablösungsgesetzes bestehen und können den Religionsgesellschaften auch nicht durch Änderung der Landesgesetzgebung entzogen werden. (IV, 20. Juni 1925.) Amtl. Sammlg. S. 134—146.

30. **Aufwertung. Verjährung.** (BGB. §§ 198, 202, 242; EVO. § 98.) Der Reichseisenbahnfiskus wurde am 8. März 1923 zu einer Zahlung von 57000 Papiermark nebst Zinsen verurteilt und zahlte den Betrag am 17. Juni 1923. Der Empfänger klagte im Januar 1924 auf weitere Zahlung von 4253 Goldmark als Geldentwertungsschaden. Die Reichsbahngesellschaft berief sich auf Verjährung. Der Einwand drang nicht durch. Das Reichsgericht hatte früher angenommen, der Verfall der deutschen Währung, wie er seit dem Frühjahr 1922 eintrat, sei eine von niemand voraussehbare und deshalb neue Schadenfolge gewesen und daher habe die Verjährung des sich darauf beziehenden Aufwertungsanspruchs erst mit dem Eintritt dieses neuen Ereignisses begonnen. Nunmehr wurde entschieden, daß der Beginn der Verjährung noch später zu legen sei. Bis in das Jahr 1923 hinein war ein Aufwertungsanspruch von der Rechtsprechung noch nicht grundsätzlich und allgemein anerkannt; die Geldentwertung wurde noch vom Gesichtspunkte der veränderten Verhältnisse aus behandelt. Erst allmählich und ausgehend vom zweiseitigen Vertrag

rang sich die allgemeine Überzeugung durch, daß das durch die Geldentwertung hervorgetretene erhebliche Mißverhältnis zwischen Leistung und Gegenleistung nach dem Grundsatz von Treu und Glauben entsprechend dem Wert der Markforderung zur Zeit ihrer Entstehung und ihrer Zahlung einen Ausgleich verlange. Wer im Januar 1923 einen Anspruch auf Aufwertung erhoben hätte, wäre damit nicht durchgedrungen. Die Sachlage im gegebenen Fall war also so zu behandeln, als ob die Reichsbahn damals zur Verweigerung der Aufwertung berechtigt gewesen wäre. Bei anderer Auffassung wäre der Aufwertungsberechtigte seines wohlbegründeten Anspruchs wegen Zeitablaufs beraubt gewesen, obwohl er nie in die Lage gekommen wäre, ihn geltend zu machen. Dieses Ergebnis wäre schlechthin unannehmbar. Ob der Aufwertungsanspruch der kurzen Verjährung der Ansprüche gegen die Eisenbahn unterlag, konnte dahingestellt bleiben. (I, 22. Juni 1925.)

Amtl. Sammlg. S. 147—148.

31. Exterritorialität. Widerklage. (GVG. § 18.) Ein Legationssekretär der chinesischen Gesandtschaft in Berlin kaufte dort einen Kraftwagen und zahlte ihn zum Teil. Da der Verkäufer die Lieferung gegen Zahlung des Restbetrags verweigerte, wurde Klage hierauf erhoben und zugleich durch eine einstweilige Verfügung die Herausgabe des Wagens erwirkt. Der Verkäufer erhob Widerklage auf Zurückgabe des Wagens. Das Landgericht hob die einstweilige Verfügung auf, wies die Klage ab und gab der Widerklage statt. Im Berufungsverfahren beantragte der Kläger nur Abweisung der Widerklage, weil sie gegen ihn als Mitglied einer Gesandtschaft unzulässig sei. Das Berufungsgericht entsprach dem Antrag. Auf die Revision des Beklagten wurde die Sache zurückverwiesen. Die Zulässigkeit von Widerklagen gegen exterritoriale Personen ist allgemein weder zu bejahen noch zu verneinen; die Entscheidung hängt immer von der Besonderheit des Falles ab. Der Kläger hatte sich den Kraftwagen durch eine einstweilige Verfügung, die später wieder aufgehoben wurde, verschafft; er befand sich also nicht nur zu Unrecht im Besitz des Wagens, sondern wollte seine Exterritorialität auch dazu benutzen, den durch die einstweilige Verfügung geschaffenen Zustand im Verhältnis zur inländischen Gerichtsbarkeit zu einem dauernden zu machen. Das ging nicht an. Die Exterritorialität hat nur die negative Bedeutung, daß gegen die Personen, die ihren Schutz genießen, die inländische Gerichtsbarkeit nicht in Bewegung gesetzt werden darf; sie darf jedoch, wenn sie selbst die inländische Gerichtsbarkeit in Anspruch nehmen, nicht dazu führen, daß der inländische Beklagte gehindert würde, sich gegen einen solchen Angriff zu wehren. Das war der Zweck der Widerklage. (II, 23. Juni 1925.) Amtl. Samml'g. S. 149—151.

32. **Bereicherungsklage. Schenkung. Gute Sitten.** (BGB. §§ 249, 516, 812, 817, 826.) Ein Mann überließ schenkungsweise ein Grundstück an eine Ehefrau, mit der er in geschlechtlicher Beziehung stand. Nach seinem Tode klagte seine Ehefrau und alleinige Erbin auf Herausgabe des Grundstücks gegen die Eigentümerin und deren Ehemann. In allen Instanzen drang die Klage durch. Die Schenkung wie deren Annahme verstießen gegen die guten Sitten, auch wenn der Zweck nicht war, die beschenkte Frau zur Fortsetzung des ehebrecherischen Verhältnisses zu bestimmen; es genügte, daß sie für ihr Verhalten belohnt und daß das Grundstück der Frau des Schenkers entzogen werden sollte. Der Ehemann der Klägerin hätte allerdings mit einer Bereicherungsklage das Grundstück nicht zurückfordern können, weil er sich durch die Schenkung selbst eines Verstoßes gegen die guten Sitten schuldig gemacht hatte. Dieses Hindernis stand auch der Klägerin in ihrer Eigenschaft als Erbin entgegen, da sie kraft der Rechtsnachfolge nur in die Rechtsstellung ihres Ehemanns einrückte. Der Umstand, daß durch die Schenkung nicht nur die Ehebrecherin belohnt, sondern sie, die Ehefrau, benachteiligt werden sollte, reichte an sich nicht aus, die Klage zu stützen. Dagegen ließ sich diese nach den Vorschriften über Schadensersatz wegen unerlaubter Handlung halten. Durch den Erwerb des Grundstücks hatte die beklagte Ehefrau der Klägerin in einer gegen die guten Sitten verstoßenden Weise vorsätzlich Schaden zugefügt. Zu einer Schadenzufügung genügt jede nachteilige Einwirkung auf die Vermögenslage im Allgemeinen, auch die Beeinträchtigung einer bloßen tatsächlichen Erwerbsaus-

sicht. Das Berufungsgericht hatte angenommen, daß der Hingabe des Grundstücks eine vertragliche Bindung nicht zugrunde gelegen habe. Dieser Auffassung trat das Reichsgericht nicht bei. Bei der ohne vorgängiges Versprechen vorgenommenen Schenkung (Handschenkung, Realschenkung) übernimmt zwar der Schenker keinerlei Verpflichtung, wohl aber liegt auch bei ihr in der Einigung der Beteiligten darüber, daß die Zuwendung unentgeltlich erfolge, ein schuldrechtlicher Vertrag in dem Sinne vor, daß die Einigung den Rechtsgrund schafft, der die durch die Zuwendung bewirkte Bereicherung schuldrechtlich rechtfertigt. Diese Einigung kann beiderseits stillschweigend erklärt werden, insbesondere auch in der Weise, daß, nachdem der eine Teil dem andern seine Absicht bekundet hat, demnächst die Schenkung eines Grundstücks vorzunehmen, beide Teile zum Grundbuchamt gehen und dort, ohne daß von einer Gegenleistung gesprochen wird, die Auflassung erklären und entgegennehmen. Eine solche Einigung hatte stattgefunden. (IV, 15. Juni 1925.)

Amtl. Sammlg. S. 151—156.

Vgl. Bd. 48 S. 293; Bd. 63 S. 185; Bd. 68 S. 100; Bd. 99 S. 161; Bd. 105 S. 271.

33. **Geldentwertung. Clausula rebus sic stantibus. Rücktritt.** (BGB. §§ 242, 326.) Ende 1921 wurde ein Kauf über drei Kraftwagen zum Preis von 40000, 50000 und 60000 Mark abgeschlossen; die Lieferung sollte alsbald erfolgen. 50000 Mark wurden anbezahlt. Im Oktober 1921 erklärte der Verkäufer, nur gegen eine Erhöhung des Preises, die der inzwischen eingetretenen Erhöhung der Marktpreise entsprach, liefern zu können. Der Käufer lehnte eine Erhöhung ab und klagte im Dezember 1922 auf Lieferung zu den Vertragspreisen. In zwei Instanzen wurde die Klage abgewiesen, obwohl im Berufungsverfahren der Kläger zu einer Aufwertung bereit war. Das Reichsgericht verwies die Sache zurück. Der Umstand, daß eine erhebliche Wertverschiebung zwischen Leistung und Gegenleistung eingetreten ist, berechtigt nicht ohne weiteres zur Verweigerung der Leistung, sondern nur dann wenn die Verweigerung einer Erhöhung der Gegenleistung eine positive Vertragsverletzung darstellt, also mit einem

Verschulden des andern Teils einhergeht. Der Kläger war im Berufungsverfahren zu einer Erhöhung des Vertragspreises bereit gewesen; darüber durfte nicht hinweggegangen werden. (II, 26. Juni 1925.)

Amtl. Sammlg. S. 156—159.

34. **Betriebsunfall.** (RVO. §§ 633, 898, 1543, 1739: RHaftPflG. §§ 1, 3.) Ein Tiefbauunternehmer besorgte auf einem Bahnhof die Umladung von Frachtgütern von der Hauptbahn zu einer Schmalspurbahn und umgekehrt. Eine Arbeiterin verunglückte hierbei tödlich. Die Tiefbauberufsgenossenschaft bewilligte ihrem Kinde eine Rente und verlangte dafür Ersatz von der Reichsbahngesellschaft; in dem Bescheid war festgestellt, daß die Eisenbahn nicht als Unternehmerin des Betriebs anzusehen sei. Die Reichsbahngesellschaft vertrat die Auffassung, daß auch sie Betriebsunternehmerin gewesen sei und daß die im Rentenbescheid getroffene gegenteilige Feststellung die Gerichte nicht binde. Die Klage drang in allen Instanzen durch. Wenn zweifelhaft ist, in welchem Betrieb sich ein Unfall ereignet hat, ist in dem Bescheid über die Entschädigung auch der Betriebsunternehmer festzustellen, nach dem sich die Feststellung des entschädigungspflichtigen Versicherungsträgers richtet. Nach dem ganzen Aufbau der Unfallversicherung ist es begrifflich ausgeschlossen, daß dem Versicherten gegenüber mehrere Versicherungsträger für die Unfallentschädigung in Frage kommen; dementsprechend steht dem Verletzten immer auch nur ein Unternehmer gegenüber. Daran wird durch den Umstand nichts geändert, daß die Versicherungsordnung einen vermögensrechtlichen Ausgleich zwischen den beteiligten Versicherungsträgern vorsieht, wenn die Beschäftigung, bei der sich der Unfall ereignet hat, für mehrere bei verschiedenen Versicherungsträgern versicherte Betriebe stattgefunden hat. Die Bestimmung des Betriebsunternehmers in dem Bescheid schließt für sich schon die Annahme aus, daß ein anderer Betriebsunternehmer in Betracht kommt; es hätte also der Feststellung, daß die Eisenbahn nicht Unternehmer sei, nicht bedurft. (IV, 27. Juni 1925.)

Amtl. Sammlg. S. 159—161.

Vgl. Bd. 74 S. 223; Bd. 93 S. 323; Bd. 97 S. 206; Bd. 98 S. 252.

35. Kirchenpatronat. Fideikommiß. Rechtsweg. Verjährung. Ersitzung. (GVG. § 13; PrG. über die Kirchenverfassungen der evangelischen Landeskirche Art. 17, 19; PrALR. 574, 577, 579 II 11; § 122 II 4.) In einer Pfarrkirche sollten Bauten vorgenommen werden. Die Kirchengemeinde wollte eine Fideikommißherrschaft zu Leistungen heranziehen und klagte auf Feststellung, daß mit der Fideikommißherrschaft das Patronat über die Kirche verbunden sei. Die Klage drang durch. Streitigkeiten darüber, wem die öffentlichrechtliche Verpflichtung zum Bau oder zur Unterhaltung von Kirchen obliegt, sind allerdings dem Verwaltungsstreitverfahren überwiesen; diese Vorschrift bezieht sich auch auf die aus dem Patronatsrecht fließende Kirchenbaulast. Der vorliegende Streit hatte aber das Bestehen des Patronats selbst mit seinem Inbegriff von Rechten und Pflichten zum Gegenstand; hiefür sind die Gerichte zuständig. Daß das Patronat durch staatliche Verleihung entstanden war, ließ sich nicht nachweisen. Die Klägerin berief sich auf Verjährung und führte aus, die Fideikommißbesitzer hätten seit mehr als 44 Jahren Patronatsrechte für sich in Anspruch genommen und Patronatslasten getragen; da die Vermutung des preußischen Landrechts für ein Realpatronat spreche, hätten sie das Patronat für die Fideikommißherrschaft ersessen. In gleicher Weise habe auch die Kirchengemeinde die Rechte, die sich aus dem Patronat für sie ergaben, gegen die Fideikommißherrschaft erworben. Der beklagte Fideikommißbesitzer wendete ein, daß für eine Fideikommißherrschaft ein Recht durch Verjährung nicht erworben werden könne, da der Umfang des Fideikommisses durch die Stiftungsurkunde begrenzt werde; die Unterhaltspflicht gegenüber der Kirche sei nur eine Folgeerscheinung des Patronatsrechts; das Recht auf Unterhaltung könne darum als einseitiges Forderungsrecht gegen die Fideikommißherrschaft nicht ersessen werden. Diese Einwendungen erklärte das Reichsgericht für unbegründet. Trotz der grundsätzlichen Unveränderlichkeit des Fideikommißvermögens können bei ihm in tatsächlicher und rechtlicher Hinsicht Veränderungen vor sich gehen, die der Lauf der Dinge mit sich bringt; das gilt besonders für einen Zuwachs, der sich bei einem Fideikommiß durch eine Anlandung, ein verlassenes Flußbett, eine neu auftauchende Insel entsteht. Einem solchen tatsächlichen Zuwachs ist der rechtliche Zuwachs gleichzustellen, der sich durch Ersitzung eines Realrechts, etwa eines Realpatronats, vollzieht. Aus dem Erwerb eines Patronats ergeben sich aber noch nicht notwendig auch Unterhaltungspflichten; diese sind nicht einfache Reflexerscheinungen. Das Patronat ist ein Inbegriff von Rechten und Pflichten; infolge dieser zweiseitigen Natur des Rechtsverhältnisses muß die Ersitzung durch dazu geeignete Besitzhandlungen während des 44jährigen Zeitraumes nicht nur für den Patron gegen die Kirchengemeinde, sondern auch für die Kirchengemeinde gegen den Patron begründet werden. Demgemäß kam den Ausführungen der klagenden Kirchengemeinde über die Ersitzung des Patronats gegen die Fideikommißherrschaft nicht nur unterstützende, sondern mitentscheidende Bedeutung zu. Die Verjährung gegen ein Fideikommiß braucht nicht während der Besitzzeit eines und desselben Fideikommißbesitzers begonnen und vollendet zu werden; sie kann sich auf mehrere Besitzer verteilen. (IV, 27. Juni 1925.) Amtl. Sammlg. S. 161—166.

Vgl. Bd. 19 S. 266; Bd. 21 S. 304.

36. **Tarifvertrag. Schlichtungsausschuß. Gesamtstreit.** (TarVertVO. §§ 20, 22; EinstellungsVO. vom 12. Februar 1920 § 28; BRG. §§ 75, 80.) Zwischen dem Arbeitgeberverband für den Braunkohlenbergbau und dem Verband der Bergarbeiter Deutschlands wurde ein Tarifvertrag abgeschlossen. Im Oktober 1923 brachen Lohnstreitigkeiten aus; ein Teil der Arbeiter trat in Streik. Ein vom Reichsarbeitsminister eingestellter Schlichtungsausschuß fällte einen Schiedsspruch; obwohl die Arbeitervertreter ihn anerkannten, nahmen die Arbeiter die Arbeit nicht wieder auf, weil über die Einstellung entlassener Arbeiter keine Einigung erzielt wurde. Ein neuer Schiedsspruch ging dahin, daß die Arbeit wieder aufzunehmen sei und daß die entlassenen Arbeiter mit wenig Ausnahmen wieder eingestellt würden. Der Reichsarbeitsminister erklärte den Schiedsspruch für verbindlich. Der Arbeitgeberverband klagte auf Feststellung der Nichtigkeit des Schiedsspruchs, auf Feststellung, daß er nicht verpflichtet sei, seine Mit-

glieder zur Befolgung des Schiedsspruchs anzuhalten, endlich auf Feststellung, daß seine Mitglieder zur Erfüllung des Schiedsspruchs nicht verpflichtet seien. In zwei Instanzen wurde der Schiedsspruch für rechtsunwirksam erklärt. Die Revision des beklagten Verbandes hatte teilweisen Erfolg. Die Unwirksamkeit des Schiedsspruchs war vom Berufungsgericht darauf gegründet worden, daß der Schlichtungsausschuß nicht dem Gesetze gemäß besetzt war. Es ist schon früher entschieden worden, daß die Gerichte die Schiedssprüche der Schlichtungsausschüsse auf die Beobachtung zwingender Vorschriften über das Verfahren nachprüfen dürfen; ob hiezu auch die Vorschriften über die Besetzung gehören, ist noch offen. Im vorliegenden Fall bedurfte diese Frage keiner Entscheidung, da es sich um einen außerordentlichen Schlichtungsausschuß handelte, der vom Reichsarbeitsminister nach seinem Ermessen besetzt werden kann; vorgeschrieben ist nur, daß Vertreter der Arbeitgeber und der Arbeiter in gleicher Zahl als Beisitzer mitwirken müssen. Die Einhaltung dieser Vorschrift durfte nachgeprüft werden. Es war beanstandet worden, daß einer der Arbeitervertreter schon seit längerer Zeit nicht mehr Arbeiter war. Das machte nichts aus; es ist nicht vorgeschrieben, daß die Arbeitervertreter Arbeiter sein müssen. Wie zu verfahren wäre, wenn die Zusammensetzung eine offenbare gröbliche Verletzung der natürlichen Grundsätze des Schlichtungswesens erkennen ließe, blieb dahingestellt; ein solcher Fall war nicht gegeben. Weiter hatte das Berufungsgericht ausgeführt, daß sich das Schlichtungsverfahren nur auf Gesamtstreitigkeiten über Lohn- und sonstige Arbeitsbedingungen, nicht aber auf Streitigkeiten darüber beziehe, ob die Arbeitgeber und Arbeiter verpflichtet seien, nach Auflösung des alten Arbeitsverhältnisses neue Verträge miteinander zu schließen. Diese Erwägung wurde weder dem Inhalt des Schiedsspruchs noch dem Begriff einer Gesamtstreitigkeit gerecht. Gesamtstreitigkeiten stehen immer mit einer Gesamtvereinbarung in innerem Zusammenhang. Als Parteien kommen nie einzelne Arbeiter, sondern nur solche Verbände oder Personen in Betracht, die eine Gesamtvereinbarung abschließen können. Zu den Gesamtvereinbarungen gehören die Tarifverträge. Diese enthalten neben den Arbeitsbedingungen im engeren Sinne auch noch Bestimmungen anderer Art, welche unmittelbare Rechte und Pflichten nur zwischen den Tarifvertragsparteien begründen, aber doch dazu bestimmt sind, Reibungen zwischen Arbeitgebern und Arbeitern in den einzelnen Betrieben möglichst zu verhüten. Auch diese Rechte und Pflichten können Gegenstand einer Gesamtstreitigkeit sein. Die Tarifverträge stellen in der Regel ein organisches Ganze dar; seine beiden Teile, der normative wie der schuldrechtliche, sind ein einheitliches Gebilde, das auch eine einheitliche rechtliche Behandlung verlangt. Das trifft besonders dann zu, wenn die Vertragsparteien nach Einigung über die künftigen Lohn- und Arbeitsbedingungen in Meinungsverschiedenheiten darüber geraten, ob die Arbeitsaufnahme von dem Belieben der Arbeiter und die Wiedereinstellung entlassener Arbeiter vom Belieben der Arbeitgeber abhängen oder ob sie von Verbands wegen als Pflicht auferlegt werden sollen. Daß die Verbindlichkeitserklärung von Schiedssprüchen schuldrechtlichen Inhalts dem Schlichtungsverfahren nicht fremd ist, zeigen die Vorschriften der Einstellungsverordnung über die Entscheidung von Einzelstreitigkeiten. Die Verbindlicherklärung eines in einer solchen Streitigkeit ergangenen Schiedsspruchs bewirkt, daß ein seinem Inhalt entsprechender Dienstvertrag zwischen Arbeitgeber und Arbeitnehmer als abgeschlossen gilt; die Verbindlicherklärung ist ein Staatshoheitsakt, der die Zustimmung des seine Unterwerfung unter den Schiedsspruch verweigernden Teils ersetzen soll. Bei Gesamtstreitigkeiten muß die Wirkung die gleiche sein. Die Wiedereinstellungsklausel und ähnliche für die Wahrung des Wirtschaftsfriedens wesentliche schuldrechtliche Bestimmungen eines Tarifvertragsschiedsspruchs von der Verbindlichkeit ausnehmen hieße die Einheitlichkeit des Tarifvertrags zerstören und einen ganz anderen Vertrag als den vom Schlichtungsausschuß gewollten schaffen, dem keine oder nur geringe praktische Bedeutung zukäme. Infolge der Wirksamkeit des Schiedsspruchs und seiner Verbindlicherklärung war die Rechtslage so, als hätten die Zwangstarifvertragsparteien seinen Inhalt im Wege freier Willenseinigung vereinbart. Unterließ es der Kläger seine Mitglieder zur Beachtung der Bestimmungen des Schiedsspruchs anzuhalten und gegen ungehorsame und widerspenstige Mitglieder mit den satzungsmäßigen Druck- und Strafmitteln vorzugehen oder förderte er gar offen oder stillschweigend ihren Widerstand, so konnte der beklagte Verband auf vertragsmäßiges Verhalten des Klägers und, wenn ihn ein Verschulden traf, auf Schadenersatz klagen. Die gleichen Klagerechte standen auch den einzelnen Mitgliedern des beklagten Verbandes gegen den klagenden Verband zu. Bei freiwilligem Abschluß des Tarifvertrags wäre in der Wiedereinstellungsklausel zugleich ein Vertrag zugunsten der entlassenen Arbeiter zu finden. Daß der Tarifvertragsvorschlag des Schlichtungsausschusses in gleichem Sinne gemeint war und in gleichem Sinne für verbindlich erklärt wurde, unterlag keinem Zweifel. Dagegen konnten weder der beklagte Verband noch die einzelnen Arbeiter gegen jene Einzelmitglieder des klagenden Verbandes im Klagewege vorgehen welche trotz des Drucks, den dieser auf sie ausübte, sich weigerten, die Wiedereinstellungsklausel für sich als verbindlich anzuerkennen; denn zwischen dem Arbeiterverband und seinen Mitgliedern auf der einen Seite und den einzelnen Unternehmern in ihrer Eigenschaft als Mitglieder des klagenden Verbandes auf der anderen Seite vermochte auch der Schiedsspruch und seine Verbindlicherklärung keine unmittelbaren Rechtsbeziehungen zu schaffen. Sie ließen sich auch nicht aus dem Gesichtspunkt der Tarifgemeinschaft und des Gesamtvertragsgedankens herleiten. Darum konnten auch die im Schiedsspruch vorgesehenen Schiedsstellen Streitigkeiten zwischen dem beklagten Verband oder seinen Mitgliedern und einzelnen Arbeitgebern über die Wiederaufnahme entlassener Arbeiter wirksam nur schlichten, wenn die Arbeitgeber sich ihrer Entscheidung freiwillig unterwarfen. Im letzten Teil war also der Antrag des klagenden Verbandes als richtig anzuerkennen; im übrigen wurde die Klage abgewiesen. (III, 30. Juni 1925.)

Amtl. Sammlg. S. 166—178.

Vgl. Bd. 104 S. 171, 182, 418; Bd. 105 S. 59, 331.

37. **Unfallfürsorge für Beamte. Amtspflichtverletzung. Schadenersatz.** (RBeamtUnfFürsG. §§ 1, 10—12, 14; SächsBeamtUnfFürsG. §§ 1, 10, 11; BGB. §§ 618, 839;

RVerf. Art. 131.) Ein Beamter der Stadt Leipzig erkrankte an einer Augenentzündung. Er behauptete, sich die Krankheit im Verkehr mit den Kriegsbeschädigten, der ihm amtlich oblag, zugezogen zu haben und klagte gegen die Stadt auf Schadenersatz. Die Klage wurde in zwei Instanzen abgewiesen; die Revision des Klägers hatte Erfolg. Das Berufungsgericht hatte die Erkrankung als einen Unfall betrachtet, für den der Kläger nach den Vorschriften über die Unfallfürsorge für Beamte zu entschädigen sei; diese Entschädigung war ihm angewiesen worden. Das Reichsgericht billigte diese Auffassung nicht. Reichsbeamte in Betrieben, die reichsgesetzlich der Unfallversicherungspflicht unterliegen, werden bei Betriebsunfällen nach den Vorschriften des Reichsgesetzes über die Unfallfürsorge für Beamte entschädigt; weitere Schadenersatzansprüche sind durch das Gesetz ausgeschlossen. Diese Vorschriften sind auch auf Staats- und Gemeindebeamte ausgedehnt, denen durch Landesrecht oder Gemeindesatzung eine gleichwertige oder weitergehende Unfallfürsorge gesichert ist. Nach dem sächsischen Unfallfürsorgegesetz für Beamte werden alle Beamten der Staatszivilverwaltung für alle im Dienst erlittenen Unfälle entschädigt. Trotz ihres allgemeinen Wortlauts gilt diese Ausdehnung des Reichsrechts auf Staats- oder Gemeindebeamte nur für Beamte in Betrieben, die reichsgesetzlich der Unfallversicherung unterliegen; Schadenersatzansprüche anderer Beamten, die sich auf reichsrechtliche Vorschriften stützen. können durch das Landesrecht nicht ausgeschlossen oder verkürzt werden. Da der Kläger nicht in einem Betrieb beschäftigt war, der der Unfallversicherung unterlag, galt das Unfallversicherungsgesetz für ihn nicht, soweit er Ansprüche auf Grund reichsrechtlicher Vorschriften erhob. Er hatte seinen Anspruch damit begründet, daß die beklagte Stadt nicht die gebotenen Vorkehrungen getroffen habe, um ihre Beamten vor Ansteckung zu schützen. Hier handelte es sich um Rechtsbeziehungen, die in dem zwischen den Parteien bestehenden Beamtenverhältnis ihre Wurzel hatten und deshalb nach Landesrecht zu beurteilen waren; die Vorschriften des Bürgerlichen Gesetzbuchs über den Schutz des Dienstverpflichteten gegen Gefahren für Leben und Gesundheit finden auf das öffentlichrechtliche Beamtenverhältnis keine, auch keine entsprechende Anwendung. Der in ihnen liegende Rechtsgedanke kann allerdings als allgemein gültig zur Ausfüllung einer Lücke des öffentlichen Beamtenrechts verwendet werden; diese Ergänzung gilt aber als öffentlichrechtliche Regel und Teil des Landesrechts. Insoweit die Klage auf diese Rechtsbeziehungen aufgebaut war, griff auch die landesrechtliche Beschränkung des Anspruchs Platz. In den Ausführungen des Klägers lag aber auch ein Vorwurf gegen die mit der Fürsorge für den städtischen Beamtenkörper betrauten Beamten; ihnen war die Verletzung einer Amtspflicht zur Last gelegt. Diese angeblich fehlerhafte Amtsausübung bezog sich auf die der Stadt ihren Beamten gegenüber obliegenden öffentlichrechtlichen Pflichten, stellte sich also als Ausübung öffentlicher Gewalt dar, die sich nicht nur im Zwang, sondern auch in der Fürsorge betätigt. So aufgefaßt stützte sich der Anspruch auf eine reichsrechtliche Grundlage und konnte durch landesrechtliche Vorschriften nicht verkürzt werden. Die Sache wurde zurückverwiesen. (III, 16. Juni 1925.) Amtl. Sammlg. S. 178—182. Vgl. Bd. 84 S. 28; Bd. 97 S. 44; Bd. 99 S. 274; Bd. 100 S. 189; Bd. 102 S. 32; Bd. 105 S. 197.

38. **Schadenersatz. Geldentwertung. Ausländische Währung.** (BGB. §§ 242, 249.) Eine Gesellschaft in Hamburg verkaufte an eine Gesellschaft in Wien im Oktober 1920 Reis zur Lieferung nach Preßburg. Der Kaufpreis wurde vorausbezahlt. Die Ware wurde abgesandt, blieb aber in Wien liegen. Der Käufer in Preßburg trat mit Rücksicht hierauf vom Vertrag zurück. Die Gesellschaft in Wien klagte gegen jene in Hamburg auf Schadenersatz und berechnete den Betrag nach tschechischen Kronen. Er wurde ihr zum Teil in Goldmark zugebilligt; ihre Revision hatte keinen Erfolg. Die beklagte Gesellschaft traf ein Verschulden, da vertragsgemäß die Ware nicht über Wien hätte gesandt werden sollen und sie von der aus Verkehrsgründen vorgenommenen Änderung des Frachtwegs die Klägerin nicht benachrichtigt hatte. Bei rechtzeitiger Verständigung hätte die Klägerin im Januar 1921 für die Ware noch einen Kaufpreis von 12,80 Tschechenkronen für das Kilogramm erzielen können, während sie bei dem am 4. Februar 1921 vorgenommenen Verkauf nur noch 8 Tschechenkronen für das Kilogramm erhielt; mit Rücksicht hierauf war in der Klage ein Betrag von 160000

Tschechenkronen verlangt. In allen Instanzen wurde die Berechnung des Schadens in Tschechenkronen für unzulässig erklärt; der Schaden war vielmehr in der Weise festzustellen, daß die der Klägerin als Kaufpreis entgangenen 512000 Tschechenkronen nach dem Kurs vom 3. Januar 1921 und die am 4. Februar 1921 erzielbaren 320000 Tschechenkronen nach dem Kurs vom 4. Februar in Dollars und der Unterschied nach dem Verhältnis von 1:4,20 in Goldmark umgerechnet wurden. In der Revision war verlangt, daß wenigstens für den 4. Februar 1921 der Unterschied zwischen 512000 und 320000 Tschechenkronen mit 192000 Tschechenkronen in Dollars und hiernach in Goldmark hätte umgerechnet werden sollen; dem stand die Feststellung entgegen, daß die Klägerin die 512000 Tschechenkronen alsbald nach Empfang in Ware umgesetzt, also am 4. Februar 1921 nicht mehr im Besitz gehabt hätte. (II, 30. Juni 1925.)

Amtl. Sammlg. S. 183—185.

39. Gütergemeinschaft. (BGB. §§ 153, 1445.) Ein Mann, der mit seiner Frau in allgemeiner Gütergemeinschaft lebte, kaufte ein Grundstück und verpachtete es. Ehe es auf ihn und seine Frau umgeschrieben war, bot er es dem Pächter zum Kauf an und band sich auf fünf Jahre an das Angebot. Bald nachher trat eine erhebliche Geldentwertung ein. Es wurde Klage auf Feststellung der Nichtigkeit des Pachtvertrags und des Kaufangebots erhoben mit der Begründung, daß die Frau nicht zugestimmt habe. Sie wurde abgewiesen. Bei der allgemeinen Gütergemeinschaft bedarf der Mann der Einwilligung der Frau zur Verfügung über ein zum Gesamtgute gehöriges Grundstück sowie zur Eingehung der Verpflichtung zu einer solchen Verfügung. Zu der Zeit, da der Kläger das Grundstück verpachtete und zum Kauf anbot, war es noch nicht auf ihn und seine Frau umgeschrieben und gehörte daher nicht zum Gesamtgut; über den Anspruch auf Übereignung des Grundstücks, der aus dem Kauf entstanden war und zum Gesamtgut gehörte, konnte der Kläger ohne Zustimmung seiner Frau verfügen. Die Fälle, in denen eine Zustimmung der Frau vorgeschrieben ist, stellen eine Ausnahme von der Regel dar, daß der Mann über das Gesamtgut frei verfügen darf und müssen darum eng ausgelegt werden. An dieser Beurteilung der Sache wurde auch durch den Umstand nichts geändert, daß nachträglich das Grundstück auf den Kläger und seine Frau umgeschrieben worden war. Die Verpflichtung, es dem Beklagten zu übereignen, war eine Gesamtgutsverbindlichkeit, die der Mann auch ohne Zustimmung der Frau erfüllen konnte. Anders wäre die Sache gelegen gewesen, wenn das Kaufangebot des Klägers dahin hätte verstanden werden müssen, daß es nicht mehr gelten solle falls das Grundstück Bestandteil des Gesamtguts würde. Dafür lag kein Anhaltspunkt vor; die Umstände, namentlich die lange Bindung an das Angebot, sprachen vielmehr für die gegenteilige Annahme. (V, 1. Juli 1925.)

Amtl. Sammlg. S. 185—192.

Vgl. Bd. 9 S. 272; Bd. 69 S. 177.

40. Warenzeichen. Vorratzeichen. Unlauterer Wettbewerb. (WZG. §§ 9, 13, 14; UWG. § 1; BGB. § 826.) Für eine Schokoladefabrik wurde im Jahre 1898 das Wortzeichen Goldina für Kakao, Schokolade, Zuckerwaren, Tee, Kaffee eingetragen. Es ging später auf eine Aktien-Gesellschaft über, die gleichfalls eine Schokoladefabrik betrieb; im Jahre 1922 nahm diese den Namen „Goldina AG." an. Kurz zuvor hatte sie zwei Zeichen, von denen jedes das Wort Goldina mit einem Stadtbild darstellte, zur Eintragung angemeldet; sie wurden im Dezember 1922 für eine große Zahl von Waren, darunter Milch, Butter, Käse, Kunstbutter, Speisefett, Speiseöl eingetragen. Als Geschäftsbetrieb war Fabrikation von Schokolade, Kakao und sonstigen Nahrungs- und Genußmitteln angegeben. Eine GmbH., welche eine Margarinefabrik betrieb, hatte für ihre Erzeugnisse (Butter, Margarine, Speisefett, Speiseöl) im Jahre 1906 das Wortzeichen Goldina eintragen lassen, es aber in der Folgezeit nie benützt. Sie klagte nun auf Löschung der beiden neu eingetragenen Zeichen der Aktiengesellschaft; diese verlangte widerklagend die Löschung des Zeichens der Klägerin. Das Landgericht gab der Klage soweit statt, als es sich nicht um die Eintragung für Rahmgemenge und Kakaobutter handelte; in demselben Umfang wies es die Widerklage ab. Die Berufungen beider Parteien wurden zurückgewiesen. Die Revision der beklagten Gesellschaft hatte Erfolg. Da die Klägerin eine Margarinefabrik betrieb, erstreckte sich der ihr gewährte Zeichenschutz ohne weiteres wirksam auch auf die übrigen für sie eingetragenen und mit Margarine gleichartigen Waren, gleichgültig, ob sie von ihr geführt wurden oder nicht; diesem Zeichenschutz gegenüber hatten die später für die beklagte Gesellschaft vorgenommenen Eintragungen zu weichen, soweit sie sich auf Waren bezogen, die mit den Waren der Klägerin gleichartig waren. Das hatte auch dann zu gelten, wenn die beklagte Gesellschaft diese Zeichen nicht benutzte, sondern sie nur als Vorratzeichen ansah. Das deutsche Warenzeichenrecht verlangt eine Benutzung des eingetragenen Zeichens nicht; es können also Zeichen auch für künftigen Gebrauch eingetragen werden. Der Wirksamkeit solcher Vorratzeichen ist aber die Schranke gesetzt, daß für sie im einzelnen Fall ein schutzwürdiges Bedürfnis bestehen muß und daß keine unangemessene oder übermäßige Beeinträchtigung des freien Wettbewerbs durch sie erfolgen darf. Das gleiche gilt, wenn ein schon verwendetes Zeichen auf weitere Waren erstreckt werden soll. Die klagende Gesellschaft hatte ihr Zeichen nie benutzt; darin, daß sie einer anderen Margarinefabrik gestattet hatte, es für ihre Erzeugnisse zu verwenden, lag eine Benutzung im zeichenrechtlichen Sinne nicht, da unter diesem die Kennzeichnung von Waren aus dem Betrieb des eingetragenen Zeicheninhabers zu verstehen ist. Soweit sich das Zeichen auf Butter, Speisefett und Speiseöl bezog, war es überhaupt nur ein Vorratzeichen, da die klagende Gesellschaft solche Waren nicht herstellte. Die beklagte Gesellschaft hatte behauptet, daß das für ihre Rechtsvorgängerin schon im Jahre 1898 eingetragene Zeichen zum Kennwort für ihr Unternehmen geworden sei und daß die nunmehrige Verwendung des Zeichens durch die Klägerin für ihre Waren im Publikum die irrige Meinung erwecken müsse, als handle es sich um Waren aus der Fabrik der beklagten Gesellschaft. Nach dem Warenzeichenrecht genügte dieses Vorbringen nicht, um die Klage zu entkräften. Zur Feststellung, daß der Inhalt eines Zeichens den tatsächlichen Verhältnissen nicht entspricht und die Gefahr einer Täuschung begründet, reicht nicht aus, daß es wegen der Möglichkeit der Verwechslung mit einem fremden Warenzeichen auf die Herkunft aus einem anderen Betrieb hinweist; erforderlich ist vielmehr, daß es innerlich unwahr ist, daß es der mit ihm versehenen Ware den Anschein einer Beschaffenheit oder einer sonstigen, nicht bloß die Herkunft aus einem anderen Betrieb betreffenden Eigentümlichkeit gibt, welche der Ware nicht zukommt. Das war hier nicht der Fall. Dagegen konnte sich die beklagte Gesellschaft auf die Vorschriften des Bürgerlichen Gesetzbuchs über sittenwidrige Schädigung und des Gesetzes gegen den unlauteren Wettbewerb stützen. Das formale Zeichenrecht darf nur innerhalb der Grenzen ausgeübt werden, die das Recht höherer Ordnung setzt, insbesondere nur innerhalb der Grenzen des lauteren Wettbewerbs und der guten Sitten, in deren Dienst auch das Zeichenrecht steht. Verstößt die Benutzung eines Warenzeichens gegen die guten Sitten, so kann seine Löschung verlangt werden. Wenn das Vorbringen der Beklagten richtig war, daß das Warenzeichen „Goldina" im Verkehr nur als Kennzeichen ihrer Waren angesehen wurde und daß die Klägerin ihr Warenzeichen nie benutzt und somit auch nichts getan hatte, um diese Entwicklung zu hindern, so ging es gegen die guten Sitten, wenn sie nun ihr Zeichen in Anspruch nahm, um aus der Arbeit der beklagten Gesellschaft oder ihrer Rechtsvorgängerin Nutzen zu ziehen und die Täuschung zu erregen, daß ihre Waren aus dem Betrieb der Beklagten stammten; nach beiden Richtungen war ihr Tun geeignet, der beklagten Gesellschaft Schaden zuzufügen. Das Berufungsgericht hatte die Verwertung dieses Gesichtspunkts abgelehnt, weil die beklagte Gesellschaft erst im Jahre 1922 ihr Zeichen auf andere Waren als Kakao, Schokolade, Zuckerwaren, Tee, Kaffee ausgedehnt hatte. Maßgebend war aber ausschließlich, ob die Benutzung des Zeichens der Klägerin zur Zeit der Erhebung der Klage (Februar 1923) gegen die guten Sitten verstieß. Ist ein Wortzeichen Kennwort für ein ganzes Unternehmen, so kommt es auch auf volle Gleichartigkeit der sich gegenüberstehenden Betriebe nicht an. Die beklagte Gesellschaft hatte sich darauf berufen, daß ihre Rechtsvorgängerin schon im Jahre 1906 auch Margarine, Butter und ähnliche Waren in ihren Ladengeschäften geführt habe. Wenn das Berufungsgericht sagte, daß es den beiden Betrieben an geschäftlichen Berührungspunkten fehlte, war das tatbestandswidrig und willkürlich. Die Sache wurde zurückverwiesen. (II, 19. Juni 1925.) Amtl. Sammlg. S. 192—199.

Vgl. Bd. 97 S. 90; Bd. 101 S. 29; Bd. 108 S. 37.

41. Koalitionsfreiheit. (RVerf. Art. 159, 165; GewO. § 152.) Ein Arbeitgeberverband ordnete eine Aussperrung von Arbeitern aus den Betrieben seiner Mitglieder an. Ein Mitglied kam der Anordnung nicht nach. Es wurde auf Zahlung der in den Satzungen des Verbandes festgesetzten Vertragsstrafe verklagt. In zwei Instanzen wurde die Klage abgewiesen. Die Revision des Klägers hatte Erfolg. Die Gewerbeordnung schreibt vor, daß die Bildung von Vereinigungen zum Behufe der Erlangung günstiger Lohn- und Arbeitsbedingungen zulässig sei, daß aber jedem Teilnehmer der Rücktritt von solchen Vereinigungen freistehe. Um eine solche Vereinigung handelte es sich hier; die Vorschrift der Gewerbeordnung ist aber durch die Vorschriften der Reichsverfassung außer Kraft gesetzt. Diese dehnt die Vereinigungsfreiheit auf alle Personenkreise aus und erklärt alle Abreden und Maßnahmen für rechtswidrig, welche die Vereinigungsfreiheit einzuschränken oder zu behindern suchen. Hierin ist nicht nur ein Richtsatz, sondern geltendes Recht zu erblicken. Unter die Maßnahmen, die für rechtswidrig erklärt sind, können auch Gesetze fallen, soweit sie die Vereinigungsfreiheit beschränken. Dabei ist nicht nur an die Freiheit zu denken, sich der Vereinigung anzuschließen, sondern auch an das Recht der Vereinigung, geschlossen zu wirken. Ihrem Wesen und Zweck nach muß die Vereinigungsfreiheit der zum Verband zusammengeschlossenen Teilnehmer die Befugnis in sich begreifen, die Vereinigung wirksam auszugestalten und zur Geltung zu bringen. Die Koalitionsfreiheit würde unvollkommen und nur ein Schattenbild sein, wenn nicht auch das Recht der Gesamtheit der Teilnehmer geschützt würde, die zur Durchführung des Zweckes der Vereinigung erforderlichen Maßnahmen und Abmachungen zu treffen, insbesondere Vertragsstrafen gegen unbotmäßige, dem Verbandszweck zuwiderhandelnde Mitglieder festzusetzen und einzuklagen. Daß bisher den Vereinigungen der zivilrechtliche Schutz gegen ihre Mitglieder versagt wurde, war eine Unvollkommenheit, die nunmehr durch die Reichsverfassung beseitigt ist; durch deren Vorschriften soll nicht nur die Freiheit des Zusammenschlusses gewährleistet, sondern darüber hinaus die rechtliche Möglichkeit seiner wirksamen Durchführung geschaffen werden. Die entgegenstehende

Vorschrift der Gewerbeordnung ist hiermit unvereinbar. (IV, 2. Juni 1925.) Amtl. Sammlg. S. 199—204.

Vgl. Bd. 104 S. 327; Bd. 108 S. 60.

42. **Flüchtlingsfürsorge. Anforderung. Ersatzleistung. Rechtsweg.** (VersVertr. Art. 53; AGzVersVertr. §§ 3, 4, 5, 8; GVG. § 13.) Auf Grund des Versailler Vertrags wurde eine Anzahl geisteskranker Personen, die sich in einer Anstalt im Elsaß befanden, ausgewiesen. Auf Ersuchen des Reichsministers des Innern wurden sie in einer Anstalt des Bezirksfürsorgeverbands Kassel untergebracht. Das Reich trug die Kosten für sie bis Ende März 1925, erklärte aber dann, daß die Flüchtlingsfürsorge abgebaut werden müsse und verweigerte die weitere Zahlung. Der Bezirksfürsorgeverband Kassel, dem die Anstalt unterstand, klagte auf Weiterzahlung. Das Deutsche Reich bestritt die Zulässigkeit des Rechtswegs. In allen Instanzen wurde er für zulässig erklärt. In dem an den Bezirksfürsorgeverband gerichteten Ersuchen des Reichsministers des Innern war in keiner Weise behauptet, daß der Bezirksfürsorgeverband zur Übernahme der ausgewiesenen Kranken verpflichtet sei, auch nicht erwähnt, daß es sich um eine Leistung zur Ausführung des Friedensvertrags handle. Der Bezirksfürsorgeverband vertrat die Auffassung, die Aufnahme habe nicht angefordert werden können, da nur die Anforderung von Leistungen land- und forstwirtschaftlicher, gewerblicher und kaufmännischer Betriebe zulässig sei. Demgegenüber hatte das Reichsgericht sich darauf berufen, daß der Betrieb einer Irrenanstalt an sich ein gewerbliches Unternehmen sei, daß demgemäß von privaten Irrenanstalten die Aufnahme der Kranken hätte angefordert werden dürfen und daß für Gemeindeanstalten das gleiche gelten müsse. Die Richtigkeit dieser Ausführung blieb dahingestellt; entscheidend war, daß eine Anforderung nicht stattgefunden hatte. Diese erfolgt nach Anhörung des Leistungsverbandes oder des Betriebsinhabers durch einen Bescheid, der Art und Umfang, Zeit und Ort der Leistung zu bestimmen hat und darauf hinweisen soll, daß die Leistung zur Ausführung des Friedensvertrags oder ergänzender Abkommen bestimmt ist. Ein solcher Bescheid war nicht ergangen; der Reichsminister hatte vielmehr nur um Aufnahme der

Kranken ersucht und den Ersatz der Kosten vorbehaltslos zugesichert. Darin war ein den freihändigen Erwerb der Leistungen anbahnender Vertragsantrag zu erblicken. Der Rechtsweg wurde auch dadurch nicht ausgeschlossen, daß juristische Personen des öffentlichen Rechts sich gegenüberstanden. Auch solche Personen können privatrechtliche Verträge miteinander abschließen. Die öffentlichrechtliche Natur eines Vertrags ergibt sich dann nicht schon daraus, daß die in ihm ausbedungene Leistung der Erfüllung einer öffentlichrechtlichen Verpflichtung dient. Das Reich war nach dem Friedensvertrag zur Lieferung von verschiedenen Gegenständen verpflichtet; um diese Verpflichtung zu erfüllen, schloß es Verträge mit den Personen ab, von denen es diese Gegenstände erwarb, ebenso mit den Transportunternehmern, welche die Beförderung besorgten. Die in Frage stehende Unterbringung von ausgewiesenen geisteskranken Personen konnte nicht anders beurteilt werden. Daß der klagende Bezirksfürsorgeverband zugleich ein Landarmenverband war, stand dem Abschluß eines privatrechtlichen Vertrags mit ihm nicht entgegen, da er zur Aufnahme der Kranken nicht verpflichtet war, auch ausdrücklich hervorhob, daß aus der Aufnahme armenrechtliche Folgen gegen ihn nicht abgeleitet werden dürften. Er verhandelte also mit dem Reich nicht als Landarmenverband, sondern als Inhaber einer zur Unterbringung der ausgewiesenen Kranken geeigneten Anstalt. Der Fall lag darum rechtlich anders als bei einer öffentlichrechtlichen Vereinbarung über eine Aushilfe auf dem Gebiete der öffentlichen Fürsorge, wie etwa wenn eine Gemeinde einem Angehörigen, der sich in einer anderen Gemeinde aufhält, durch diese die nötigen Unterstützungen verabreichen läßt, oder sie bittet, ihn in das dortige Krankenhaus aufzunehmen, oder wenn ein Landarmenverband einen Ortsarmenverband mit der Fürsorge für einen Landarmen beauftragt. In solchen Fällen handelt es sich bei der zur Besorgung übernommenen fremden Angelegenheit zugleich um eine eigene Angelegenheit oder doch um eine Aufgabe, in der einem bestimmten höheren Zweck (nämlich der Armenfürsorge) entsprochen wird, dem man beiderseits zu dienen hat. Zu der umstrittenen Frage, ob in derartigen Fällen die Geschäftsbesorgung nur unter öffentlichrechtlichen, nicht unter privatrechtlichen Ge-

sichtspunkten zu betrachten ist, war keine Stellung zu nehmen; die Voraussetzung für einen öffentlichrechtlichen Vertrag zwischen Verwaltungskörpern, daß beide Teile als Träger öffentlicher Verwaltung und der darin erscheinenden öffentlichen Gewalt handeln, traf für den klagenden Bezirksfürsorgeverband nicht zu. (IV, 2. Juni 1925.) Amtl. Sammlg. S. 204—211.
Vgl. Bd. 106 S. 408.

43. **Säkularisation. Kirchengemeinde. Kultuslast. Religiöse Übung. Rechtsweg.** (GVG. § 13.) Eine Kirchengemeinde klagte gegen den preußischen Staat auf einen Beitrag zu ihren Kultuskosten mit der Begründung, daß ein bei der Säkularisation vom preußischen Staat übernommenes Kloster früher hiefür aufgekommen sei. Das Berufungsgericht wies die Klage ab. Die Revision führte zur Zurückverweisung der Sache. Das Berufungsgericht hatte die Frage der Zulässigkeit des Rechtswegs nur nebenher berührt. Das erklärte das Reichsgericht für falsch. Jedes klageabweisende Urteil muß schon wegen der Verschiedenheit der rechtlichen Folgen Klarheit darüber geben, ob nur eine Prozeßabweisung oder eine sachliche Aberkennung des Anspruchs erfolgt. Vor die ordentlichen Gerichte gehören alle bürgerlichen Rechtsstreitigkeiten, für die nicht entweder die Zuständigkeit von Verwaltungsbehörden oder Verwaltungsgerichten begründet ist oder reichsgesetzlich besondere Gerichte bestellt oder zugelassen sind. Von den Ausnahmen traf hier keine zu; die Zulässigkeit des Rechtswegs hing also nur davon ab, ob es sich um eine bürgerliche Rechtsstreitigkeit handelte. Dabei ist von der Auffassung auszugehen, die zur Zeit der Erlassung des Gerichtsverfassungsgesetzes maßgebend war; der Begriff schließt darum auch Ansprüche, die nach heutiger Auffassung auf öffentlichem Recht beruhen, nicht schlechthin aus. So ist für Streitigkeiten aus dem Patronatsrecht, die durch das preußische Landrecht den ordentlichen Gerichten zugewiesen sind, der Rechtsweg auch jetzt noch zulässig, obwohl das Patronatsrecht jetzt als ein individuelles Recht kirchlich-öffentlichrechtlicher Natur aufgefaßt wird. Auch da, wo das Gesetz rechtliche Ansprüche gibt, ohne ausdrücklich eine Rechtsschutzbehörde zu bestimmen, kann sich aus der Gesamtheit der für das Rechtsgebiet geltenden Normen und ihrer Anwendung in stän-

diger Rechtsausübung ergeben, daß der Rechtsschutz, trotz Einschlags von öffentlichem Recht, durch die ordentlichen Gerichte zu gewähren ist. Für rechtliche Ansprüche auf vermögenswerte Leistungen zu Kirchenzwecken ist, auch wenn sie nach heutiger Anschauung im öffentlichen Recht wurzeln, der ordentliche Rechtsweg zulässig, wenn nicht besondere landesgesetzliche Vorschriften entgegenstehen. Hiernach war für den vorliegenden Fall die Zulässigkeit des Rechtswegs zu bejahen. Für die Entscheidung in der Sache selbst kam es auf die Rechtsgültigkeit einer Kabinettsorder vom 25. September 1834 an. Diese war an die Minister der geistlichen Angelegenheiten und der Finanzen gerichtet und bezog sich auf die von Pfarreien und Kirchengemeinden diesseits des Rheins aus den Klosteraufhebungen abgeleiteten Dotationsansprüche gegen den preußischen Staat. Der König stellte darin mit Hinsicht auf die Bestimmungen des Reichsdeputationshauptschlusses vom 25. Februar 1803 allgemeine Grundsätze auf, die zunächst im Auge gehalten werden könnten und genehmigte, daß eine rechtliche Verpflichtung des ehemaligen Stifts und Klosters und daher ein Anspruch auf vollständige und ergänzende Dotation überall anzuerkennen sei, wo erweislich entweder

1. vor Errichtung des Stifts oder Klosters schon eine Pfarrkirche existierte, welche mit den diesfälligen Pfarrverrichtungen dem Kloster oder Stift übergeben worden ist, oder wo
2. das Pfarroffizium späterhin dem Kloster oder Stifte von der geistlichen Behörde formell inkorporiert worden, oder wo
3. Stifte oder Klöster sich anderweitig zur Leistung der Pfarrdienste ausdrücklich und auf rechtsverbindliche Weise verpflichtet hatten, oder wo endlich
4. die betreffende Gemeinde, ohne zu einer anderen Pfarrkirche des Ortes oder der Nachbarschaft wirklich eingepfarrt zu sein, wenigstens 44 Jahre hindurch vom Jahre 1803 exklusive zurückgerechnet, also vom Jahre 1759 ab, in fehlerfreiem und ununterbrochenem Besitz der von dem aufgehobenen Kloster oder Stifte ihr geleisteten Pfarrdienste sich befunden hat.

Als selbstverständlich ist bezeichnet, daß die zu gewährenden Entschädigungen nicht über den Betrag des eingezogenen Klostervermögens und über die früheren Verpflichtungen der Klostergeistlichen ausgedehnt werden dürfen. Diese Kabinettsorder ist nicht nur eine Anweisung an die Verwaltungsbehörden, sondern ein Gesetz, das den Kirchengemeinden unter den darin bestimmten Voraussetzungen einen Rechtsanspruch auf Dotation gegen den Staat gewährt; der König stellte durch sie kraft seines Majestätsrechts zur Deklaration von Rechten und Gesetzen die Voraussetzungen fest, unter denen die aus dem Reichsdeputationshauptschluß abzuleitenden oder aus der Gesamtnachfolge des Staates in die säkularisierten Güter entstehenden Verpflichtungen des Fiskus gegenüber den vor der Säkularisation von den Stiften oder Klöstern versorgten Pfarreien oder Kirchengemeinden anerkannt werden sollten. Daß die Kabinettsorder weder im Staatsrate vorberaten noch von einem Minister gegengezeichnet war, steht dieser Annahme nicht entgegen, da in der Zeit des absoluten Königtums diese Formen zwar vorgesehen, aber nicht als Voraussetzungen der rechtlichen Gültigkeit von königlichen Erlassen angeordnet waren. Auch dem Umstand, daß die Order nicht veröffentlicht worden war, kam keine ausschlaggebende Bedeutung bei. Nach preußischem Landrecht erhält allerdings ein Gesetz seine rechtliche Verbindlichkeit erst von der Zeit an, da es gehörig bekanntgemacht worden ist; als gehörige Bekanntmachung war durch mehrere Verordnungen der Abdruck in der Gesetzessammlung oder in den Amtsblättern bezeichnet. Dem König stand aber frei, im einzelnen Falle eine andere Form der Bekanntmachung als gehörig anzusehen und er hat von dieser Freiheit nicht selten Gebrauch gemacht. In der Entscheidung sind mehrere Fälle angeführt. Im vorliegenden Falle nahm der König die nach seinem maßgebenden Willen gehörige Bekanntmachung der Order dadurch vor, daß er sie den Ministern der geistlichen Angelegenheiten und der Finanzen zugehen ließ; den Minister der geistlichen Angelegenheiten konnte er dabei als den Vertreter der Pfarreien und Kirchengemeinden ansehen, deren Interessen dieser bei dem der Order vorangegangenen Schriftenwechsel im ausgesprochenen Gegensatz zum Finanzminister wahrgenommen hatte. Daß die Order geheim gehalten werden sollte, war weder ausdrücklich angeordnet, noch ergab es sich aus ihrem Inhalt. Die früher vertretene Auffassung, daß ein Anspruch gegen den Staat aus der Säkularisation auf Bestreitung von Kultuskosten überhaupt nur unter den genau umschriebenen Voraussetzungen der Kabinettsorder gegeben sei, hielt das Reichsgericht nicht fest; es entnahm vielmehr daraus, daß die Order ihre Grundsätze nur als solche aufstellte, welche zunächst im Auge gehalten werden könnten, den Willen des Königs, daß den Pfarreien und Kirchengemeinden die Möglichkeit der Geltendmachung anderer Entstehungsgründe für eine Verpflichtung des Klosters oder Stifts und daher auch für einen Anspruch gegen den Staat offen gelassen bleiben sollte. Im vorliegenden Falle kam nur die in der Order an letzter Stelle genannte Voraussetzung in Betracht. Es genügte für sie, daß dem Kloster eine durch gemeinschaftliche örtliche Beziehungen verbundene Mehrheit von Personen gegenüberstand, die sich allmählich zu einer Kirchengemeinde entwickelte. Das Berufungsgericht hatte angenommen, daß der Besitz der Gemeinde nicht fehlerfrei gewesen sei, weil das Kloster sich im Gebiet des ehemaligen Erzbistums Magdeburg befand, dessen Bischof in der Mitte des 16. Jahrhunderts evangelisch geworden sei; die katholischen Einwohner des Ortes hätten darum kein Recht auf Ausübung ihrer Religion gehabt. Dieser Auffassung trat das Reichsgericht entgegen. Nach dem preußischen Landrecht ist eine Rechtsübung fehlerfrei, wenn sie weder auf Gewalt oder Betrug noch auf Verheimlichung beruht noch auch nur auf Ruf und Widerruf zugelassen ist. Die Order verlangt allerdings juristischen Besitz an dem Recht, was voraussetzt, daß der eine Teil die Leistung als Recht verlangt, der andere sie in Erfüllung einer Pflicht gewährt. Ob Recht und Pflicht aus der staatlichen oder aus der kirchlichen Rechtsordnung abgeleitet wurden, ist dabei ebenso unerheblich wie für die Würdigung der in der Order erwähnten früheren Verpflichtungen der Klostergeistlichkeit. Auch juristischer Besitz ist nur Besitz und unabhängig vom Recht zum Besitz; die vom Berufungsgericht angestellte Untersuchung über das Recht zum Besitz auf Grund der staatlichen Rechtsordnung lag also neben der Sache. (IV, 2. Juli 1925.) Amtl. Sammlg. S. 211—223.

Vgl. Bd. 1 S. 140; Bd. 5 S. 300; Bd. 6 S. 233; Bd. 7 S. 136; Bd. 63 S. 21; Bd. 92 S. 310; Bd. 93 S. 78;

Bd. 96 S. 31, Bd. 97 S. 170; Bd. 101 S. 15; Bd. 106 S. 177, 409; Bd. 110 S. 160; Bd. 111 S. 161.

44. Wohnungsbeschlagnahme. Geschäftsraum. Enteignung. (RVerf. Art. 153; WohnMangG. von 1920 § 5.) Eine Hauseigentümerin in Berlin vermietete gewerbsmäßig möblierte Wohnungen. Zwei von diesen nahm das Wohnungsamt im April 1923 in Anspruch, aber nur als unmöblierte Räume. Es wurde Klage gegen die Stadt auf Ersatz des Unterschieds zwischen dem gesetzlichen Mietzins für eine unmöblierte und eine möblierte Wohnung und für das Wegschaffen und Lagern der Möbel erhoben. Die Ansprüche wurden dem Grunde nach als berechtigt anerkannt; doch stimmte das Reichsgericht in der Begründung den Untergerichten nicht völlig zu. Diese hatten die von der Beschlagnahme betroffenen Wohnungen als Geschäftsräume angesehen, weil die Klägerin sie gewerbsmäßig vermietete, also für ihren Geschäftsbetrieb benützte. Das Reichsgericht erklärte, daß als Geschäftsräume nur Räume angesehen werden könnten, die zu Wohnräumen erst hergerichtet werden müßten. Es kam aber hierauf nicht an, weil die Klägerin die Beschlagnahme nicht als gesetzwidrig bezeichnete, sondern nur eine Entschädigung verlangte. Dieses Verlangen war jedenfalls gerechtfertigt. Die Eingriffe, die von den zuständigen Behörden auf Grund der gesetzlichen Vorschriften zur Bekämpfung des Wohnungsmangels vorgenommen werden, stellen sich als eine Enteignung dar, die nach der Reichsverfassung nur gegen angemessene Entschädigung vorgenommen werden darf, soweit nicht ein Reichsgesetz etwas anderes bestimmt. Das Wohnungsmangelgesetz vom Jahre 1920 schloß eine solche Entschädigung nicht aus, enthielt sogar eine Vorschrift darüber, wer für sie hafte. Demgemäß war der Klägerin der Schaden zu ersetzen, den sie erlitten hatte. In gleicher Weise war früher schon in einem Falle, in dem Zimmer beschlagnahmt und zu einer Notwohnung umgebaut worden waren, entschieden worden, daß die beklagte Stadtgemeinde allen aus der Beschlagnahme entstehenden Schaden zu ersetzen habe, soweit er nicht durch die vom Mieteinigungsamt zu bestimmende Vergütung abgegolten wurde. Die Klägerin hatte sich Ansprüche eines Mieters abtreten lassen, der eine Wohnung als möbliert weitervermietet hatte und in gleicher Weise wie sie vom Wohnungsamt behandelt worden war. Auch dieser Anspruch wurde als berechtigt anerkannt. Der Schutz gegen Enteignung, den die Reichsverfassung aufstellt, beschränkt sich nicht auf das Eigentum und die Rechtsverhältnisse an Grundstücken, er umfaßt vielmehr alle Privatrechte, einschließlich der Forderungsrechte; also hatte der Mieter Anspruch auf Entschädigung. (VI, 3. Juli 1925.)

Amtl. Sammlg. S. 224—227.

Vgl. Bd. *105* S. 253; Bd. *107* S. 375; Bd. *108* S. 252; Bd. 109 S. 319.

45. Genossenschaft. Nichtigkeit. Anfechtung. Auflösung. (HGB. § 303; GenG. §§ 16, 51, 78a, 78b.) Eine Genossenschaft beschloß eine Änderung ihrer Satzung und die Übertragung ihres Gesamtvermögens an eine neu zu gründende Aktiengesellschaft. Der Vorsitzende des Vorstandes erhob Anfechtungsklage; da diese während der für die Anfechtung geltenden Frist von einem Monat nicht ordnungsgemäß zugestellt wurde, machte er geltend, daß die Beschlüsse nichtig seien. In zwei Instanzen wurde die Klage abgewiesen. Das Reichsgericht ordnete eine Neuprüfung der Sache an. Soweit die Klage damit begründet war, daß die Beschlüsse nicht mit der erforderlichen Mehrheit gefaßt worden seien und daß eine ordnungsmäßige Abstimmung wegen der Enge des Versammlungsraumes nicht möglich gewesen sei, schloß sich das Reichsgericht der Auffassung der Untergerichte an, daß nur ein Fall der Anfechtung, nicht der Nichtigkeit vorliege. Der Beschluß auf Übertragung des Gesamtvermögens an die neu zu gründende Aktiengesellschaft war in der Klage deshalb als nichtig bezeichnet, weil die Übertragung des Vermögens im Ganzen in der Satzung der Genossenschaft nicht vorgesehen war. Das Reichsgericht erklärte, daß die Übertragung hierdurch nicht ausgeschlossen wurde, daß vielmehr das Verbot einer solchen Übertragung einer ausdrücklichen Bestimmung bedurft hätte. Daraus, daß für die Aktiengesellschaft als Folge des Beschlusses, das ganze Vermögen zu veräußern, die Auflösung der Gesellschaft angeordnet ist, während das Genossenschaftsgesetz die Übertragung des Vermögens im Ganzen nicht erwähnt, ist zu entnehmen, daß bei der Genossenschaft die gleiche Folge des Beschlusses vom Gesetz nicht gewollt ist. Eine entsprechende Übertragung des Grundsatzes auf die Genossenschaft verbietet sich schon um deswillen, weil die Aktiengesellschaft und die Genossenschaft in ihrer rechtlichen und wirtschaftlichen Wesensart grundlegend verschieden sind. Bei der Aktiengesellschaft sind Kapital und Aktie die maßgebende Grundlage der Gesellschaft, während bei der Genossenschaft mit ihrer nicht geschlossenen Mitgliederzahl und dem Grundsatz des gemeinschaftlichen Geschäftsbetriebs die Genossen als die eigentlichen Träger der Genossenschaft erscheinen, hinter denen die Bedeutung des Geschäftsanteils und der Vermögensgrundlage überhaupt an die zweite Stelle rückt. Ob der Beschluß, das Vermögen im Ganzen zu veräußern, bei einer Genossenschaft als Auflösungsgrund wirkt, hängt von den Umständen des Falles ab. Die Prüfung dieser Frage konnte das Reichsgericht nicht vornehmen, da es sich um eine tatsächliche Beurteilung handelte. Wenn der Beschluß als Auflösungsbeschluß anzusehen war, entbehrte er der Wirksamkeit, weil für einen Auflösungsbeschluß die nochmalige Fassung in einer zweiten Mitgliederversammlung durch die Satzung vorgeschrieben war; auch entsprach er nicht den für die Auflösung von Vorschuß- und Kreditvereinen, die als eingetragene Genossenschaften bestehen, zwingend aufgestellten Erfordernissen des Gesetzes. (II, 7. Juli 1925.) Amtl. Sammlg. S. 227—232.

Vgl. Bd. 60 S. 409; Bd. 75 S. 239.

46. Arglistige Täuschung. Verschweigen. Verschulden beim Vertragsschluß. (BGB. § 123.) Ein Bankbeamter kaufte am 6. November 1923 ein Klavier für 2200 Goldmark. 220 Goldmark bezahlte er bar; für den Rest des Kaufpreises gab er Aktien. Schon am folgenden Tag fielen diese sehr im Kurs. Der Verkäufer verweigerte darauf die Lieferung des Klaviers und focht den Vertrag wegen arglistiger Täuschung an. Die Klage gegen ihn drang in allen Instanzen durch. Er erblickte eine arglistige Täuschung darin, daß der Kläger, dem als Bankbeamten die Neigung zum Sinken der Aktienkurse schon am 6. November 1923 bekannt gewesen sei, trotzdem ohne Mitteilung dieses Umstandes die Aktien noch zu einem hohen, nach dem Kurs des 5. November bemessenen Wert in Zahlung gegeben habe. Das Berufungsgericht hatte demgegenüber ausgeführt, daß das bloße Verschweigen als arglistige Täuschung nur dann in Betracht kommen könne, wenn eine Pflicht zur Offenbarung des verschwiegenen Umstandes gegeben sei; eine solche habe nach Treu und Glauben dem Kläger, auch wenn er als Bankbeamter ein stärkeres Sinken der Kurse vorhersah, nicht obgelegen, da er seine Ansicht über den vermutlichen Verlauf der Dinge dem Vertragsgegner mitzuteilen nicht nötig gehabt habe. Das Reichsgericht billigte diese Auffassung. Eine Offenbarungspflicht beim Vertragsschluß besteht nicht allgemein, sondern nur dann, wenn Treu und Glauben nach der Verkehrsauffassung das Reden erfordern, der andere Teil nach den Grundsätzen eines redlichen Geschäftsverkehrs eine Aufklärung erwarten durfte. Ob diese Voraussetzung gegeben ist, muß nach den Verhältnissen des Falles beurteilt werden. Gerade beim Kauf darf die Aufklärungspflicht nicht zu weit ausgedehnt werden; Käufer und Verkäufer können voneinander wegen der widerstreitenden Interessen regelmäßig eine Aufklärung über die für die Preisbildung in Betracht kommenden allgemeinen Verhältnisse des Marktes, besonders darüber, ob ein Steigen oder Fallen des Preises eintreten wird, nicht erwarten, müssen vielmehr in dieser Hinsicht sich bei unbeteiligten Personen unterrichten. In verstärktem Maß gilt das für den Erwerb von Spekulationspapieren. Im Gegensatz zu solchen für die Preislage in Betracht kommenden allgemeinen Verhältnissen des Marktes können Treu und Glauben im Verkehr vom Verkäufer eine Mitteilung der besonderen Umstände erfordern, die hinsichtlich des bestimmten Kauf-Gegenstandes und seiner Wertschätzung erkennbar für die Entschließung des Käufers erheblich sind. So ist arglistiges Verschweigen angenommen worden, wenn ein Bankier Aktien eines Bergwerks zum Tageskurs verkauft, obwohl er schon von einem Wassereinbruch in das Bergwerk unterrichtet ist, oder wenn beim Verkauf einer Hypothek besondere Umstände verschwiegen werden, von denen der Verkäufer annimmt, daß sie dem anderen Teil unbekannt sind, aber für seinen Willensentschluß von Bedeutung sein können. Das traf hier nicht zu. Das Sinken der Kurse hatte seinen Grund nicht in besonderen, das Unternehmen der Aktiengesellschaft ungünstig beeinflußenden Umständen, sondern in der damaligen allgemeinen wirtschaftlichen Lage, besonders in der Unsicherheit der Währungsverhältnisse. Daß der Kläger dieses besser beurteilen konnte als der Beklagte, reichte nicht aus, um für ihn gegenüber dem Be-

klagten eine Aufklärungspflicht über diese Verhältnisse zu begründen. Es handelte sich nicht um Veräußerung von Aktien im Betrieb eines Bankunternehmens, vielmehr hatte die Eigenschaft des Beklagten als Bankbeamten für das Geschäft keinerlei Bedeutung. Wer in Zeiten großer wirtschaftlicher Unsicherheit Aktien erwirbt, die starken Schwankungen unterworfen sind, kann von seinem Vertragsgegner nicht unaufgefordert eine Aufklärung darüber verlangen, ob ein Sinken der Kurse zu erwarten ist. Daß die Annahme der Aktien ausschließlich im Interesse des Klägers geschah, war nicht nachgewiesen; es ließ sich darum auch nicht sagen, daß der Kläger die Unkenntnis des Beklagten geflissentlich ausnützte, um die Annahme der Aktien an Zahlungs Statt herbeizuführen. (II, 7. Juli 1925.)
Amtl. Sammlg. S. 233—236.
Vgl. Bd. 62 S. 149; Bd. 77 S. 314.

47. Nebenintervention. Rechtliches Interesse. (ZPO. §§ 66, 71.) Der Inhaber eines Patents für eine Maschine zur Herstellung von Kunstseide klagte gegen einen Fabrikanten, der sich zur Herstellung von Kunstseide einer ähnlichen Maschine bediente, auf Unterlassung. In zwei Instanzen wurde die Klage abgewiesen. In der Revisionsinstanz erklärte ein anderer Fabrikant, daß er dem Beklagten als Nebenintervenient beitrete. Er war gleichfalls vom Kläger wegen angeblicher Verletzung des Patents durch Benutzung einer ähnlichen Maschine verklagt worden; außerdem war er an einer G. m. b. H. beteiligt, die sich mit der Herstellung von Kunstseide befaßte und vom Kläger gleichfalls wegen Patentverletzung verklagt worden war. Das Reichsgericht erklärte die Nebenintervention für unzulässig. Als Nebenintervenient kann einem Rechtsstreit beitreten, wer an dem Obsiegen einer Partei ein rechtliches, nicht nur ein wirtschaftliches oder sonstiges tatsächliches Interesse hat; ein solches ist gegeben, wenn er zu den Parteien oder zu dem Gegenstand des Rechtsstreits in einem Rechtsverhältnis steht, das durch die Entscheidung des Rechtsstreits, ihren Inhalt oder ihre Vollstreckung mit betroffen wird. Das Urteil muß auf die Rechtslage des Nebenintervenienten einwirken und sie irgendwie verändern können, mag auch seine Rechtskraft sich nicht unmittelbar auf sie erstrecken. Dagegen genügt nicht, daß der Nebenintervenient aus der ergehenden Entscheidung nur mittelbar eine vorteilhafte Beeinflussung seiner Wirtschaftslage erwartet. Der Wunsch des Nebenintervenienten, daß der Rechtsstreit zugunsten des Beklagten entschieden werden möge, und die Erwartung, daß das Reichsgericht auch in den ähnlich gelagerten Rechtsstreitigkeiten des Beklagten und der G. m. b. H. diesen Standpunkt festhalten werde, stellten sich nur als Umstände dar, die ein tatsächliches Interesse an dem Obsiegen des Beklagten erklärlich machten; in rechtlicher Hinsicht wurden die Belange des Nebenintervenienten und des Beklagten nicht miteinander verknüpft. (I, 8. Juli 1925.)

Amtl. Sammlg. S. 236—239.
Vgl. Bd. 83 S. 183.

48. **Grundstücksgeschäft. Heilung der Nichtigkeit. Geldentwertung.** (BGB. §§ 313, 873; ValSpekVO. §§ 2, 8; PrGrundstVerkG. §§ 1, 7, 10.) Durch notariellen Vertrag vom 9. August 1923 wurden mehrere Grundstücke verkauft. Als Kaufpreis wurden 100 Millionen Mark angegeben; in Wirklichkeit sollen nach mündlicher Vereinbarung 2000 Dollar für die Grundstücke bezahlt werden. Der Vertrag wurde vom Landratsamt genehmigt. Die Grundstücke wurden in der Notariatsurkunde aufgelassen, aber nur zum Teil umgeschrieben. Der Verkäufer machte Nichtigkeit des Kaufvertrags geltend und beantragte, die Nichtigkeit der Auflassung festzustellen und den Käufer zur Bewilligung der Umschreibung der auf ihn eingetragenen Grundstücke zu verurteilen. Das Berufungsgericht gab der Klage statt. Die Revision des Beklagten hatte nur teilweisen Erfolg. Der notarielle Kaufvertrag war nichtig, da ein anderer Kaufpreis beurkundet als vereinbart war. Das Berufungsgericht hatte angenommen, daß der von den Parteien abgeschlossene mündliche Vertrag Gültigkeit erlangt habe, soweit die Grundstücke aufgelassen und umgeschrieben waren. Das erklärte das Reichsgericht für zweifelhaft, weil die Grundstücke zusammen mit anderen Grundstücken zu einem Gesamtpreis verkauft worden waren. Selbst wenn aber wegen der vom Beklagten behaupteten Bedeutungslosigkeit der nicht umgeschriebenen Grundstücke hierauf kein Gewicht gelegt wurde, stand einer Heilung des wegen Formmangels ungültigen Geschäfts der Umstand entgegen, daß ihm die erforderliche Genehmigung abging. Genehmigt war nicht der Vertrag, der

nach dem Willen der Parteien gelten sollte, sondern der in der notariellen Urkunde enthaltene Vertrag. Demgemäß war auch die in dieser Urkunde enthaltene Auflassung nicht genehmigt. Diese bedurfte der Genehmigung, weil das zugrundeliegende Verpflichtungsgeschäft nicht genehmigt war; es war aber nicht für sich genehmigt, sondern nur als Bestandteil des Kaufvertrags, dessen Genehmigung unwirksam war, weil er der Gültigkeit entbehrte. Die demgemäß mangels behördlicher Genehmigung fehlerhafte Auflassung konnte nicht zur Heilung führen, da diese eine einwandfreie Auflassung voraussetzt; infolgedessen war auch an den umgeschriebenen Grundstücken kein Eigentum für den Beklagten entstanden. Da hiernach der Inhalt des Grundbuchs unrichtig war, konnte der Kläger die Wiederumschreibung der Grundstücke auf seinen Namen verlangen. Allerdings konnte die Auflassung noch nachträglich genehmigt werden und war demgemäß die Bindung der Parteien als noch in der Schwebe befindlich anzusehen; der Kläger brauchte aber den Verlust seiner grundbuchmäßigen Eigentümerstellung nicht zu dulden, nachdem dieser auf Grund eines formungültigen und deshalb auch ohne Rücksicht auf die mangelnde Genehmigung der Wirkung unter den Parteien ermangelnden Vertrags eingetreten war. Das Berufungsgericht hatte auch die Nichtigkeit der Auflassung der nicht umgeschriebenen Grundstücke festgestellt. Diese Nichtigkeit war aus den Vorschriften über den Grundstücksverkehr nicht zu entnehmen; auch die Vorschriften über die Valutaspekulation reichten nicht hin, die Auffassung des Berufungsgerichts zu begründen. Nach diesen Vorschriften darf Zahlung mit Zahlungsmitteln in ausländischer Währung bei Inlandsgeschäften nicht gefordert, angeboten, ausbedungen, geleistet oder angenommen werden; Geschäfte, die hiegegen verstoßen, sind nichtig. Das Berufungsgericht hatte angenommen, daß die Nichtigkeit das ganze, auf den Umtausch von inländischen Vermögenswerten gegen ausländische Zahlungsmittel gerichtete Veräußerungsgeschäft umfasse. Soweit es in diesem Geschäft auch die Auflassung einschloß, verkannte es deren rechtliche Natur als selbständigen dinglichen Erfüllungsgeschäfts. Die Nichtigkeit des Grundgeschäfts erstreckt sich nicht ohne weiteres auf das dingliche Erfüllungsgeschäft; das ist nur dann anzunehmen, wenn es sich aus den anzuwendenden gesetzlichen Vorschriften ergibt, wie z. B. dann, wenn das Grundgeschäft gegen die Vorschrift über Wucher verstößt. Aus der Verordnung über die Valutaspekulation ist ein solcher Wille des Gesetzgebers nicht zu ersehen; sie bezieht sich ihrem ganzen Inhalt nach auf das Grundgeschäft. Das Urteil des Berufungsgerichts wurde dahin abgeändert, daß die Auflassung nicht für nichtig, sondern (mangels der Genehmigung) für unwirksam erklärt wurde. (V, 8. Juli 1925.)

Amtl. Sammlg. S. 239—247.

Vgl. Bd. 56 S. 386; Bd. 57 S. 97; Bd. 75 S. 76; Bd. 103 S. 106.

49. Eigenhändiges Testament. Genehmigung. Rückwirkung. Verfügung. (BGB. §§ 185, 2229, 2231, 2247; Pr. AG. z. BGB. Art. 481; PrG. betr. das eheliche Güterrecht in der Provinz Westfalen §§ 6, 10.) Eheleute, die miteinander in allgemeiner Gütergemeinschaft nach westfälischem Rechte lebten, errichteten ein gemeinschaftliches eigenhändiges Testament in der Weise, daß der Mann es schrieb und unterschrieb und die Frau ihren Namen beisetzte. Es war darin verfügt, daß der überlebende Ehegatte die Gütergemeinschaft mit den gemeinschaftlichen Kindern fortsetzen und daß nach seinem Tode das gesamte Vermögen auf die Kinder und die Tochter eines verstorbenen Sohnes zu gleichen Teilen übergehen solle; der Tochter war ein Vorvermächtnis zugewiesen. Im Jahre 1917 starb die Frau. Im Jahre 1919 fügte der Mann dem Testament die Erklärung bei, daß er das Vorvermächtnis der Tochter mit Rücksicht auf die Dienste, die sie den Eltern geleistet hatte, erhöhe, daß aber alle sonstigen Zuwendungen bestehen bleiben sollten; auch diese Erklärung war eigenhändig geschrieben und unterschrieben. Nach seinem Tode klagte ein Teil der Erben gegen die übrigen auf Feststellung der Nichtigkeit des Testaments. In allen Instanzen wurde die Klage abgewiesen. Das Testament hatte allerdings zur Zeit der Errichtung keinen rechtlichen Bestand; als gemeinschaftliches Testament der Eheleute konnte es trotz seiner Unterzeichnung durch die Frau nicht anerkannt werden, weil deren Erklärung fehlte, daß es auch als ihr Testament gelten solle, als einseitiges Testament des Mannes war es nach dem Güterrecht der Provinz Westfalen nicht zulässig, da dieses bei beerbter Ehe nur gemeinschaftliche Verfügungen von Todes wegen zuläßt. Der Mangel im Verfügungsrecht des Mannes fiel aber mit dem Tode der Frau weg; dieser konnte nunmehr die Nachfolge unter den abgefundenen Kindern letztwillig regeln. Damit wurde allerdings das Testament, soweit es Verfügungen des Mannes enthielt, nicht ohne weiteres wirksam; auch durch den Zusatz vom Jahre 1919 wurde diesen Verfügungen keine rückwirkende Kraft verliehen. Eine Verfügung, die ein Nichtberechtigter über einen Gegenstand trifft, wird wirksam, wenn der Verfügende nachträglich das Verfügungsrecht erlangt und die Verfügung genehmigt; das kann aber nur gelten für Verfügungen in dem Sinn, in dem dieser Ausdruck im Bürgerlichen Gesetzbuch gebraucht wird, also für Rechtsgeschäfte, durch die unmittelbar Rechte begründet, übertragen, belastet, verändert oder aufgehoben werden. Letztwillige Verfügungen oder sonstige Verfügungen von Todes wegen fallen nicht unter diesen Begriff. Gleichwohl war das Testament als wirksam zu behandeln. Der Zusatz vom Jahre 1919 enthielt nicht nur eine Anordnung zugunsten der Tochter, sondern deckte auch die früher niedergeschriebenen Bestimmungen in der Weise, daß sie als Bestandteil des neuen Testaments anzusehen waren. Es steht nichts im Wege, daß der Erblasser eine frühere Niederschrift benutzt, um sie durch die erforderliche eigenhändige Ergänzung mit neuer Orts- und Zeitangabe und neuer Unterschrift so zu vollenden, daß sie nun sein Testament darstellt. Die Zusammenfassung der beiden Niederschriften zu einem Testament fand auch dadurch ihren äußeren Ausdruck, daß der Erblasser die neue Erklärung unmittelbar an die frühere anfügte und darin auf diese Bezug nahm. Daß der Erblasser zur Zeit der Errichtung des ersten Testaments kein Recht zu einer letztwilligen Verfügung hatte, war ebenso unerheblich, wie wenn ihm zu dieser Zeit die Fähigkeit zur Errichtung eines Testaments gefehlt hätte. Ein im Zustand der Testierunfähigkeit oder fehlender Testierbefugnis errichtetes Testament wird allerdings nicht dadurch gültig, daß der Erblasser nachträglich die Testierfähigkeit oder die Testierbefugnis erlangt; ist aber das Hindernis im Zeitpunkt der Errichtung eines neuen Testaments schon beseitigt, so steht der Umstand, daß es zur Zeit der Errichtung des früheren, aufrecht zu erhaltenden Te-

staments gegeben war, der Gültigkeit des ganzen Testaments nicht entgegen. (IV, 9. Juli 1925.)
Amtl. Sammlg. S. 247—253.

50. Berufung. Prozeßgebühr. (ZPO. § 519.) Wegen eines Streitgegenstandes von 1000 Mark war Berufung eingelegt. Der Kläger suchte um das Armenrecht nach; dies wurde ihm für einen Anspruch von 500 Mark bewilligt. Der Betrag der eingeforderten Prozeßgebühr wurde dementsprechend herabgesetzt, vom Kläger aber auch in dieser Höhe nicht bezahlt. Die Berufung wurde aus diesem Grunde als unzulässig verworfen. Das Reichsgericht hob den Beschluß hinsichtlich des Teiles auf, für den das Armenrecht bewilligt war. Die Sache war anders zu beurteilen, als wenn dem Kläger das Armenrecht zur Hälfte bewilligt worden wäre. In einem solchen Falle ist nicht die Hälfte des Berufungsgegenstandes vom Armenrecht betroffen, sondern nur wegen der Hälfte der Gebühr eine vorläufige Zahlungsbefreiung eingetreten; die Berufung ist aber in ihrem ganzen Umfang mit der Hälfte der Gebühr belastet und muß darum vollständig verworfen werden, wenn die Zahlung der Gebühr nicht rechtzeitig nachgewiesen wird. Hier war aber für einen Teil des Berufungsgegenstandes das Armenrecht ganz bewilligt; dieser Teil schied für die Gebührenzahlung völlig aus, so daß für ihn auch die Zulässigkeit der Berufung nicht mehr von dem Nachweis der rechtzeitigen Zahlung einer Gebühr abhängig sein konnte. Nur für den anderen Teil konnte die Berufung als unzulässig verworfen werden. (VI, 11. Juli 1925.) Amtl. Sammlg. S. 253—254.
Vgl. Bd. 109 S. 272.

51. Benützung fremder Erfindungen. Unlauterer Wettbewerb. Gute Sitten. (UWG. § 1.) Puppen, die unter dem Namen „Käthe Kruse-Puppen" bekannt waren, wurden in einer Weise nachgebildet, daß eine Verwechslung möglich war; die nachgebildeten Puppen waren weniger sorgsam hergestellt und darum billiger. Die Schöpferin und Herstellerin der Käthe Kruse-Puppen klagte auf Unterlassung des Weitervertriebs und Auskunfterteilung über die Zahl und den Preis der bisher vertriebenen Puppen. Das Berufungsgericht wies die Klage ab. Die Revision der Klägerin hatte Erfolg. Die Beklagte hatte sich im geschäftlichen Verkehr zu Zwecken des Wettbewerbs die

Gedanken, die Arbeit und das mit Mühe und Kosten errungene Arbeitsergebnis der Klägerin zunutze gemacht, indem sie Puppen herstellte, die mit den bekannten, künstlerischen Ruf genießenden Käthe Kruse-Puppen verwechselt werden konnten. Das widersprach dem Anstandsgefühl aller billig und gerecht denkenden Menschen, den Forderungen des redlichen Verkehrs und verstieß darum gegen die guten Sitten. Ob den Puppen Kunstwerkschutz zukam, war belanglos. (I, 11. Juli 1925.)
Amtl. Sammlg. S. 254—257.
Vgl. Bd. 73 S. 294; Bd. 77 S. 431; Bd. 79 S. 415;
Bd. 88 S. 183; Bd. 92 S. 111.

52. **Kaufvertrag. Geldentwertung. Irrtum. Eigenschaft einer Sache. Treu und Glauben.** (BGB. §§ 119, 459.) Eine Frau verkaufte im Januar 1923 ihr Haus um 45000 Mark an ihren Schwiegersohn. Der Kaufpreis wurde nicht gezahlt. Die Verkäuferin klagte auf Zurückübereignung mit der Begründung, daß sie über die Kaufkraft des Geldes im Irrtum gewesen sei. In zwei Instanzen drang die Klage durch. Das Reichsgericht wies sie ab. Das Berufungsgericht hatte angenommen, der Irrtum über die Kaufkraft des Geldes sei ein solcher über die verkehrswesentliche Eigenschaft des Geldes als Wertmesser; die Verkäuferin habe im Kaufpreis einen anderen Wertmaßstab für ausgedrückt gehalten, als ihm tatsächlich zukam, indem sie ihm eine andere, viel höhere Kaufkraft zuschrieb. Das Reichsgericht entschied demgegenüber, daß es sich nicht um eine Eigenschaft des Geldes, sondern um ein Urteil des Verkehrs darüber handelte, welchen Tauschwert das Geld gegenüber anderen Sachen hatte, deren Preis im Verkehr in Geld ausgedrückt wird. In den Veränderungen der Kaufkraft des Geldes tritt die zeitweilige Verschiedenheit in der Bewertung des Geldes zutage, die ihrerseits auf Tatsachen verschiedener Art, so besonders beim Papiergeld auf Minderung des Kredits des Staates als Ausgeber des Papiergeldes, auf die Menge des ausgegebenen Papiergeldes überhaupt wie auch im Verhältnis zu ihrer Deckung zurückzuführen sein kann. Aus dem Zusammenwirken solcher Umstände ergibt sich — entweder allgemein oder für ein bestimmtes Marktgebiet oder auch für einzelne Geschäfte — eine Wertbestimmung des Geldes, die ein Urteil über die Bedeutsamkeit dieser Umstände, aber

kein unmittelbar auf das Geld bezügliches Verhältnis rechtlicher oder tatsächlicher Art, keine ihm innewohnende Eigenschaft darstellt. Der Wert des Geldes als solchen, wie er in seiner Kaufkraft zutage tritt, kann auf Faktoren beruhen, die als Eigenschaft des Geldes anzusehen sind, ist aber nicht selbst eine solche. So wenig in der Zusage, ein verkauftes Warenlager habe einen bestimmten Wert, die Zusicherung einer Eigenschaft zu finden wäre, so wenig kann in dem Irrtum über die Kaufkraft einer zugesagten Geldleistung ein Irrtum über die Eigenschaft des Geldes erblickt werden. Darin, daß der Beklagte am Vertrag festhielt, war auch ein Verstoß gegen Treu und Glauben nicht zu finden, da festgestellt war, daß er schon im November 1923 eine Aufwertung des Kaufpreises angeboten hatte. (V, 11. Juli 1925.) Amtl. Sammlg. S. 257—261. Vgl. Bd. 59 S. 242; Bd. 61 S. 86; Bd. 64 S. 266; Bd. 101 S. 53, 108; Bd. 103 S. 22; Bd. 105 S. 406; Bd. 108 S. 110.

53. **Eigenhändiges Testament. Widerruf. Nachträgliche Änderung. Aufwertung von Vermächtnissen.** (BGB. §§ 2231, 2255.) In einem eigenhändigen Testament, das im Jahre 1913 errichtet wurde, war ein Vermächtnis von 30000 Mark eingesetzt; die Vermächtnisnehmerin sollte hievon nur die Zinsen erhalten, während das Geld im Geschäft stehen bleiben sollte. Nachträglich war die Ziffer 30 ausgestrichen und durch 60 ersetzt worden. Die Vermächtnisnehmerin klagte auf die Zinsen eines Kapitals von 60000 Mark, das auf 15000 Goldmark aufzuwerten sei. In zwei Instanzen wurde ihre Klage abgewiesen. Mit der Revision machte sie den aufzuwertenden Vermächtnisanspruch nur noch in der Höhe von 30000 Mark geltend. Die Revision hatte Erfolg. Die nach der Datierung und Unterzeichnung des Testaments vorgenommene Erhöhung des Betrags des Vermächtnisses war nicht rechtsgültig; eine solche Erhöhung hätte eine neue letztwillige Verfügung mit Ort- und Zeitangabe und neuer Unterschrift erfordert. In Frage kam, ob durch die vorgenommene Änderung das ursprüngliche Vermächtnis widerrufen worden war. Das Landgericht hatte das bejaht mit der Begründung, daß 60000 Mark einen anderen Wert und darum einen anderen Begriff darstellten als 30000 Mark; indem der Erblasser einen neuen Begriff einsetzte, habe

er den ursprünglichen aufgehoben. Das Berufungsgericht hatte ausgeführt, daß diese Auffassung nicht zutreffe, wenn zur Zeit der ursprünglichen Verfügung und der Abänderung die gleichen Währungs- und Wirtschaftsverhältnisse gegeben gewesen wären; da aber zur Zeit der Errichtung des Testaments Goldwährung, zur Zeit der Änderung Papierwährung bestand, drückte die Änderung gegenüber dem ursprünglichen Inhalt des Testaments eine Gegenstandsverschiedenheit aus. Das Reichsgericht hob hervor, daß die Übertragung der in einer späteren Zeit gewonnenen Erkenntnis der Unrichtigkeit des Satzes „Mark = Mark" auf eine frühere Zeit, jedenfalls dann nicht angehe, wenn es nicht auf die wirkliche Sachlage, sondern auf die Absicht der eine Willenserklärung abgebenden Person ankomme. Ein Erblasser, der im Jahre 1915 oder 1916 ein von ihm im Jahre 1913 ausgesetztes Vermächtnis von 30000 Mark auf 60000 Mark erhöhte, hatte nach der aus dem damaligen Wirtschafts- und Rechtsleben zu schöpfenden Erfahrung keine andere Absicht als die, die Marksumme des Vermächtnisses zu erhöhen; die Absicht, an die Stelle eines bisherigen Goldmarkverhältnisses ein davon dem Gegenstande nach verschiedenes Papiermarkverhältnis zu setzen, könnte ihm nur unter besonderen Umständen unterstellt werden. Solche waren nicht behauptet. Das Berufungsgericht hatte weiter angenommen, daß der Erblasser die frühere Verfügung habe aufgeben wollen, daß er die neue Verfügung nur als einen Entwurf betrachtet habe, dem er noch Testamentsform habe geben wollen, daß aber die Ausführung dieser Absicht unterblieben sei. Damit war die rechtliche Möglichkeit außer Betracht gelassen, daß auch solche Korrekturen in einem Testament, die zur Vorbereitung eines neuen Testaments dienen sollen, sehr wohl mit der Absicht vereinbar sind, das alte Testament bis zur Errichtung des neuen Testaments bestehen zu lassen. Nicht jede Veränderung, die an einer Testamentsurkunde in der Absicht vorgenommen wird, das Testament oder eine in ihm enthaltene Verfügung aufzuheben, ist ein gültiger Widerruf durch schlüssige Handlung; hiefür ist vielmehr eine Handlung erfordert, durch welche der Wille, eine schriftliche Willenserklärung aufzuheben, ausgedrückt zu werden pflegt. Das wäre anzunehmen gewesen, wenn der Erblasser die Vermächtnisanordnung durchstrichen hätte; auch die völlige Streichung der Zahl 30000 hätte genügt. Die Durchstreichung der Ziffern 30 in Verbindung mit der Beischreibung der Ziffern 60 konnte in einem solchen Sinne nicht gewertet werden, da die Annahme des Willens, das Vermächtnis überhaupt oder wenigstens vorerst bestehen zu lassen, nahe lag. (IV, 11. Juli 1925.)

Amtl. Sammlg. S. 261—266.
Vgl. Bd. 71 S. 301.

54. **Bankscheck. Vorlegung. Indossament. Regreß. Bankfiliale. Zweigniederlassung.** (ScheckG. §§ 8, 10, 15, 16; WO. Art. 91.) Ein Scheck lautete auf die Nationalbank, Depositenkasse und Wechselstube Berlin, Weinbergsweg. Er war von der Nationalbank, Filiale Köln, auf die Reichsbank indossiert. Die Zentralstelle der Nationalbank in Berlin, Behrenstraße, verweigerte die Zahlung. Die Kölner Filiale der Nationalbank löste den Scheck im Regreßweg von der Reichsbank ein und klagte gegen den Aussteller auf Zahlung der Schecksumme nebst Zinsen und Provision. Die Klage wurde abgewiesen. Zur Ausübung des Regreßrechtes muß nachgewiesen werden, daß der Scheck rechtzeitig zur Zahlung vorgelegt und nicht eingelöst worden ist. Dieser Nachweis kann geführt werden durch eine auf den Scheck gesetzte, vom Bezogenen unterschriebene und den Tag der Vorlegung enthaltende Erklärung. Eine solche Erklärung, unterschrieben von der Nationalbank, Abteilung Behrenstraße, befand sich auf dem Scheck. Das Berufungsgericht hatte sie nicht für genügend erachtet, weil der Scheck in der Abteilung der Nationalbank am Weinbergsweg hätte vorgelegt werden müssen. Das erklärte das Reichsgericht für unrichtig. Die Depositenkassen einer Bank sind nur Geschäftsstellen, örtlich getrennte Verkehrseinrichtungen einer einheitlichen Rechtspersönlichkeit. Bezogene war nur die Nationalbank; die Beifügung einer bestimmten Kasse hatte nur die Bedeutung, daß bei dieser die Zahlung erfolgen sollte. Ordnungsmäßig hatte dort auch die Vorlegung zu erfolgen; das schloß aber nicht aus, daß der Scheck wirksam bei einer anderen Geschäftsstelle der bezogenen Bank vorgelegt werden konnte, wenn der Inhaber und die Bank darüber einverstanden waren. Das ist auch nach der Wechselordnung zulässig, deren Vorschriften hier ent-

sprechend anzuwenden sind. Die Berliner Großbanken haben zum Zwecke der rascheren Abwicklung der Geschäfte untereinander und mit der Reichsbank die Vereinbarung getroffen, daß die Schecks nicht bei den einzelnen Kassen, sondern bei einer Abteilung der Zentrale der bezogenen Bank zur Einlösung vorgelegt werden können. Wenn der Inhaber des Schecks diesen dort vorlegt, kann von dieser Stelle auch der Vermerk über die Ablehnung der Zahlung auf den Scheck gesetzt werden. Der Klage stand aber entgegen, daß die Klägerin nur eine Filiale der bezogenen Bank war. Der Scheck war auf den Inhaber gestellt; ein auf ihn gesetztes Indossament hatte also nur die Bedeutung, daß dessen Aussteller dem Inhaber für die Einlösung haftete. Indossamente des Bezogenen sind nach dem Scheckgesetz unwirksam; sie begründen demgemäß auch keine Haftung für die Einlösung. Der Scheck ist ein Zahlungspapier, kein Kreditpapier, eine Anweisung auf ein bei dem Bezogenen bestehendes Guthaben des Ausstellers; ein Akzept wie auch ein Indossament, durch das der Bezogene zum selbständigen Schuldner würde, während er nach dem Willen des Gesetzes nur Zahlungsorgan sein soll, ist mit der Natur des Schecks nicht verträglich. Die Rechtslage wurde dadurch keine andere, daß das Indossament nicht von der im Scheck als Zahlungsstelle angegebenen Kasse der Nationalbank oder von ihrer Berliner Zentrale, sondern von ihrer Kölner Filiale auf den Scheck gesetzt worden war. Die Filiale ist kein von der bezogenen Bank verschiedenes Rechtssubjekt; Träger aller Rechte und Pflichten aus den bei ihr vorgeschriebenen Geschäften ist die Bank. Wenn der Scheck nicht eingelöst wurde, stand der Reichsbank kein scheckmäßiger Regreßanspruch gegen die Nationalbank zu und diese konnte, wenn sie von der Reichsbank in Anspruch genommen wurde, gleichfalls keinen Regreßanspruch gegen den Aussteller geltend machen; die Rechtsverhältnisse waren vielmehr nur nach bürgerlichem Recht zu beurteilen. (Feriensenat, 20. Juli 1925.) Amtl. Sammlg. S. 266—273.

Vgl. Bd. 66 S. 301.

55. **Kartell. Gesellschaft mit beschränkter Haftung. Arglistige Täuschung.** (GmbHG. § 3; HGB. § 128; BGB. § 123.) Fabrikanten von Schiefertafeln vereinigten sich zu einem Verkaufskartell in der Form einer G.m.b.H. Nach

dem Gesellschaftsvertrag waren die Mitglieder verpflichtet, ihre etwaigen Nachfolger an die Bestimmungen des Vertrags zu binden. Eine offene Handelsgesellschaft, die aus zwei Eheleuten bestand, erklärte ihren Austritt aus dem Verband. Nachdem dieser die Erklärung zurückgewiesen hatte, lösten sie die offene Handelsgesellschaft in der Weise auf, daß die Frau gegen eine Abfindung ausschied und der Mann das Geschäft mit den Aktiven und Passiven, jedoch unter Ausschluß des Verbandvertrags, übernahm. Der Verband klagte gegen die beiden Eheleute auf Vertragserfüllung und Schadenersatz. Die Klage gegen die Frau wurde abgewiesen, jene gegen den Mann drang im wesentlichen durch. Der Beitritt einer offenen Handelsgesellschaft zu einer G.m.b.H. hat an sich nur die Mitgliedschaft der Gesellschaft, nicht auch jene der einzelnen Gesellschafter zur Folge. Das Berufungsgericht hatte die Bindung des beklagten Ehemannes an den Gesellschaftsvertrag der G.m.b.H. damit begründet, daß er mit der Auflösung der offenen Handelsgesellschaft und der Übernahme ihres Vermögens an deren Stelle getreten sei und daß die Ausnahme des Verbandvertrags von den Verpflichtungen keine rechtliche Wirkung gehabt habe. Das Reichsgericht erklärte, daß hierin eine Gesetzesverletzung nicht zu finden sei und daß die Bindung des Beklagten sich schon daraus ergebe, daß der Geschäftsanteil der aufgelösten offenen Handelsgesellschaft auf den Beklagten, der das Gesamthand-Vermögen übernommen habe, im Wege der Anwachsung übergegangen sei. Vor dem Berufungsgericht hatte der Beklagte sich auch darauf berufen, daß er den Beitritt der offenen Handelsgesellschaft zu der G.m.b.H. wegen einer von deren Geschäftsführer und einigen Mitgliedern verübten arglistigen Täuschung angefochten habe. Das Berufungsgericht hatte entschieden, daß ein solches Anfechtungsrecht gegenüber einer G.m.b.H. nicht bestehe; das Reichsgericht billigte diese Auffassung unter Hinweis auf frühere nicht näher angeführte Entscheidungen. (II, 16. Juni 1925.)

Amtl. Sammlg. S. 274—276.

56. **Jagdpachtvertrag. Schiedsvertrag. Rechtsweg. Typische Vertragsbedingung. Teilweise Richtigkeit.** (BGB. § 139; GVG. § 13; ZPO. § 1025.) In einem Jagdpachtvertrag wurde vereinbart, daß Streitigkeiten unter Aus-

schluß des Rechtswegs von der Jagdaufsichtsbehörde (dem Landrat) endgültig entschieden werden sollten. Infolge von Streitigkeiten über die Erhöhung der Pachtsumme kündigte die Jagdgenossenschaft den Vertrag. Der Pächter legte gegen die Kündigung Einspruch beim Kreisausschuß ein. Durch eine Entscheidung des Landrats wurde der Einspruch zurückgewiesen. Der Klage auf Feststellung, daß durch die Kündigung der Pachtvertrag nicht aufgelöst sei, stellte die Jagdgenossenschaft die Einrede der Unzulässigkeit des Rechtswegs und der Vereinbarung eines Schiedsgerichts gegenüber. Das Berufungsgericht gab der Klage statt. Die Revision der Jagdgenossenschaft hatte Erfolg. Sie wandte sich gegen die Auslegung, welche das Berufungsgericht der Vereinbarung über die Entscheidung von Streitigkeiten gegeben hatte. Hier handelte es sich um eine typische Vertragsbedingung, die in zahlreichen Jagdpachtverträgen wiederkehrt und deren Prüfung darum dem Reichsgerichte zustand. Der Gedanke der Rechtseinheit verlangt, daß solche Bedingungen nicht von den verschiedenen Berufungsgerichten verschieden ausgelegt werden; deshalb ist das Reichsgericht zur maßgebenden Auslegung berufen. Die Streitigkeiten, die hier in Frage kamen, gehörten an sich vor die bürgerlichen Gerichte, da sie auf dem Gebiete des bürgerlichen Rechts lagen und weder die Zuständigkeit von Verwaltungsbehörden oder Verwaltungsgerichten noch jene von besonderen Gerichten für sie gesetzlich begründet war. Durch Abmachungen der Parteien konnte hieran nur insofern etwas geändert werden, als Schiedsverträge vereinbart werden konnten. Eine solche Vereinbarung war aber in der angegebenen Vertragsbedingung nicht zu finden; die Jagdaufsichtsbehörde wurde nur als Behörde, nicht als Schiedsrichter, für die Entscheidung der Streitigkeiten als zuständig erklärt. Die Entscheidung des Landrats war auch nicht nach Durchführung eines schiedsgerichtlichen Verfahrens und in der Form eines Schiedsspruchs, sondern nach den Vorschriften über das Verwaltungsverfahren ergangen; es war auch eine Gebühr für sie eingehoben worden. Die Auffassung, daß die Jagdaufsichtsbehörde als solche zur Entscheidung der bürgerlichen Rechtsstreitigkeiten der Parteien berufen werden konnte, war nicht als richtig anzuerkennen. Die hierauf abzielende Vertragsbedingung war demgemäß nichtig. Ob sich daraus die Nichtigkeit des ganzen Pachtvertrags ergab, war noch zu prüfen. (VI, 30. Juni 1925.)

Amtl. Sammlg. S. 276—280.

57. **Scheckverfälschung. Goldmarkscheck. Rechtsübung.** (ScheckG. §§ 1, 23; WO. Art. 75, 76; ErmG. vom 8. Dezember 1923; GoldmarkVO. vom 6. Februar 1924; Ger.-EntlVO. vom 22. Dezember 1923.) Zur Herstellung eines Schecks wurde ein Formblatt benützt, auf dem für die Angabe der zu zahlenden Geldsumme in Ziffern der Buchstabe M. und für die Angabe in Buchstaben das Wort Mark vorgedruckt war. Der Aussteller fügte vor den Buchstaben M. und vor das Wort Mark den Buchstaben G. ein. Später wurde das G durchstrichen und durch das Wortzeichen Rtm ersetzt. Die Bank, auf welche der Scheck gezogen war, verweigerte die Einlösung. Der Inhaber klagte gegen den Aussteller auf Zahlung des Betrags in Goldmark mit Zinsen. In allen Instanzen drang die Klage durch. Der Scheck war am 24. Januar 1924 ausgestellt worden. Zu jener Zeit schon bediente sich der Verkehr der Bezeichnung Goldmark, worunter ein Betrag in Reichswährung verstanden wurde, der $^{10}/_{42}$ des amerikanischen Dollar betrug. In gleicher Weise war es üblich geworden, in Urteilen die Höhe der zu zahlenden Geldsumme unter Benützung amtlicher Teuerungszahlen festzusetzen. Diese Übungen wurden durch die auf Grund des Ermächtigungsgesetzes erlassenen Verordnungen über die Entlastung der Gerichte und über Goldmarkschecks und Goldmarkwechsel nur nachträglich bestätigt; es handelte sich hier nicht um Setzung neuen Rechts, sondern um gesetzliche Anerkennung eines durch die Not der Inflationszeit herausgebildeten Rechtszustandes. Durch die nachträgliche Änderung des Schecks, deren Urheber nicht mehr festgestellt werden konnte, wurde die Verpflichtung des Ausstellers nicht berührt, da der ursprüngliche Wortlaut des Schecks noch lesbar war. Für den Wechselverkehr ist der Grundsatz anerkannt worden, daß die Wechselverpflichtung nach dem ursprünglichen Wechselinhalt fortbesteht, wenn die fälschende Veränderung den ursprünglichen Text dergestalt unberührt läßt, daß er neben der Veränderung unversehrt bleibt und nach der Entfernung der Veränderung, wird sie nun wirklich oder in Gedanken vorgenommen, in seiner Ursprünglichkeit wieder erkennbar wird. Dieser Grundsatz

ist auf den Scheck entsprechend anzuwenden. (Feriensenat, 12. August 1925.) Amtl. Sammlg. S. 280—285.
Vgl. Bd. 54 S. 386; Bd. 108 S. 78.

58. **Ausstattung. Schenkung. Leibrente. Schriftform.** (BGB. §§ 759, 760, 761, 1624.) Ein vermögender Mann sicherte seiner Tochter bei ihrer Verheiratung im Jahre 1913 einen jährlichen Wirtschaftszuschuß von 18000 Mark zu. Auf ihre Klage, mit der sie den aufzuwertenden Zuschuß für die Zeit vom 1. April bis zum 30. September 1924 verlangte, wurde ihr ein Betrag von 3000 Mark zuerkannt. Die Revision des Beklagten wurde zurückgewiesen. Das Versprechen des Zuschusses unterlag als ein Ausstattungsversprechen nicht der für Schenkungen geltenden Formvorschrift, da der Beklagte zu jener Zeit ein Einkommen von einer Million Mark hatte, der Zuschuß also seinen Verhältnissen entsprach. Das Berufungsgericht hatte angenommen, daß das Versprechen als Leibrentenversprechen der Schriftform bedurfte, daß diese Form aber erfüllt war, da das Versprechen in einem Brief, den der Beklagte an die Klägerin geschrieben hatte, niedergelegt war. Der Brief war nur mit den Worten „Dein Papa" unterzeichnet. Ob dadurch dem Erfordernis der Schriftform genügt wurde, ließ das Reichsgericht dahingestellt, da es ein Leibrentenversprechen nicht für gegeben erachtete. Eine Leibrente ist ein einheitlich nutzbares Recht, das dem Berechtigten für seine eigene oder für die Lebzeit eines anderen Menschen eingeräumt ist und dessen Erträge aus fortlaufend wiederkehrenden gleichmäßigen Leistungen in Geld oder vertretbaren Sachen bestehen. Wesentliche Voraussetzung eines Leibrentenvertrages ist hienach, daß das Grundrecht, aus dem sich die Ansprüche auf die einzelnen Renten ableiten, lediglich nach Maßgabe des Vertrags und unabhängig und losgelöst von den sonstigen Beziehungen und Verhältnissen der Parteien gewährt wird. Auch ein Ausstattungsversprechen kann so ausgestattet werden, daß es den Begriff des Leibrentenvertrags erfüllt, doch wird sich selten feststellen lassen, daß die Parteien ein von ihren sonstigen Beziehungen und Verhältnissen unabhängiges Grundrecht schaffen wollten. Für die Regel wird ein Ausstattungsversprechen nur unter dem stillschweigenden Vorbehalt gleichbleibender Verhältnisse erteilt. Besondere Umstände, welche die Unterordnung

des vorliegenden Versprechens unter den Begriff des Leibrentenvertrags gerechtfertigt hätten, waren nicht dargetan. Das Versprechen war also an keine Form gebunden. (IV, 17. September 1925.)

Amtl. Sammlg. S. 286—287.
Vgl. Bd. 67 S. 207.

59. **Schwurtermin. Vertagung.** (ZPO. §§ 217, 227, 466, 468, 512.) Gegen eine Frau war eine Klage auf Herausgabe von Sachen erhoben, gegen ihren Mann auf Duldung der Vollstreckung in das eingebrachte Vermögen. Das Landgericht machte die Entscheidung von einem der Frau auferlegten Eid abhängig. Nach Rechtskraft des Urteils beantragten die Beklagten die Anberaumung eines Termins und luden dazu den Kläger. Im Termin erschien die schwurpflichtige Frau nicht. Ihr Vertreter erklärte, die Ladungsfrist sei nicht eingehalten worden und die Frau habe deshalb angenommen, daß es nicht zur Eidesleistung kommen werde. Er beantragte sofort die Anberaumung eines neuen Termins zur Eidesabnahme; der Vorsitzende gab dem Antrag statt und verkündete den Beschluß in der Sitzung. Zum neuen Termin erschien die Frau wieder nicht; ihr Vertreter hatte ihr irrtümlich mitgeteilt, daß ihr Mann zum Termin kommen solle. Das Gericht entschied, daß der Eid als verweigert anzusehen sei und gab der Klage statt. Berufung und Revision blieben erfolglos. Da der erste Termin nicht nur zur Eidesleistung, sondern auch zur mündlichen Verhandlung anberaumt war, mußte die Ladungsfrist eingehalten werden; auf die Nichteinhaltung konnte sich aber nur der Kläger, nicht die Beklagten berufen, da ja die Ladung von ihnen ausgegangen war; zudem hatte der Vertreter der Beklagten im Termine verhandelt, indem er um die Anberaumung eines neuen Termins bat. Mit Recht war darum angenommen worden, daß die beklagte Frau den Schwurtermin versäumt habe, so daß der Eid als verweigert galt. Die Folge der Versäumung konnte dadurch beseitigt werden, daß binnen einer Woche die Abnahme des Eides beantragt wurde. Dieser Antrag konnte auch schon im Termin selbst gestellt werden; der neue Termin hatte demgemäß als der zweite Schwurtermin zu gelten. Nachdem die Frau auch in diesem Termin ausblieb, konnte ein nochmaliger Antrag auf Abnahme des Eides nicht

gestellt werden. Daß ihr Ausbleiben auf ein Versehen ihres Vertreters zurückzuführen war, fiel nicht ins Gewicht; selbst wenn ein entschuldbares Ausbleiben die Folgen der Säumnis ausschließen würde, hatten die Beklagten doch das Versehen ihres Anwalts als eigenes gelten zu lassen. In der Revision war ausgeführt, daß das Landgericht sich über die Möglichkeit einer Vertagung des zweiten Termins von Amts wegen im Irrtum befunden habe. Das traf nicht zu; das Recht zur Vertagung von Amts wegen greift nicht Platz, wenn eine Partei in dem anstehenden Termin nicht erschienen ist und sich an ihre Säumnis Folgen zugunsten des Gegners knüpfen. Durch das Ausbleiben der schwurpflichtigen Partei im zweiten Schwurtermin hatte der Kläger das Recht gewonnen, daß der Eid endgültig als verweigert anzusehen war. (VI, 18. September 1925.) Amtl. Sammlg. S. 288—291.

60. Altersgrenze für Richter. Notverordnung. (RVerf. Art. 104, 129; ErmG. vom 23. Oktober 1923; RPers.-AbbauVO. vom 27. Oktober 1923; PrVerf. Art. 55; Pr. PersAbbauVO. § 84.) Mehrere preußische Richter, die wegen Überschreiten der Altersgrenze von 65 Jahren in den Ruhestand versetzt worden waren, klagten auf Zahlung des Unterschieds zwischen dem Stellengehalt und dem Ruhegehalt. Das Landgericht wies die Klage ab; auch die unter Umgehung der Berufungsinstanz eingelegte Revision wurde zurückgewiesen. Die Abbauverordnung war vom Staatsministerium in Übereinstimmung mit dem ständigen Ausschuß des Landtags erlassen worden. Die Kläger hatten ihre Gültigkeit mit der Ausführung bestritten, daß nach der preußischen Verfassung Verordnungen mit Gesetzeskraft nur erlassen werden könnten, während der Landtag nicht versammelt sei. Der Berücksichtigung dieses Vorbringens stand entgegen, daß die Verordnung dem Landtag nachträglich vorgelegt und von diesem genehmigt worden war; damit war sie rechtlich einem ordnungsmäßig ergangenen Gesetz in jeder Hinsicht gleichgestellt, ohne daß es einer weiteren Veröffentlichung, insbesondere einer Verkündung in Gesetzesform bedurfte. Die getroffene Bestimmung der Altersgrenze verstieß demgemäß auch nicht gegen die Reichsverfassung. Ebenso war ohne Belang, ob zur Zeit des Erlasses der preußischen Abbauverordnung das Ermächtigungsgesetz, auf Grund dessen die Reichsabbauverordnung ergangen war, noch in Kraft stand. Mit dem Wegfall dieses Gesetzes erlosch zwar die Befugnis der Reichsregierung, weiter die dort vorgesehenen Maßnahmen zu treffen, dagegen wurden die schon getroffenen Maßnahmen nicht hinfällig, insbesondere nicht die Vorschrift, daß die Länder verpflichtet seien, eine der Regelung im Reich entsprechende Anordnung auch für ihre Beamten zu treffen. Nach Reichsrecht gilt für alle Beamten mit Ausnahme der Richter, das vollendete 65. Lebensjahr als Altersgrenze; dadurch wurde Preußen nicht gehindert, auch für seine Richter diese Grenze festzusetzen. (III, 18. September 1925.)

Amtl. Sammlg. S. 291—293.

61. Rechtshaftung. Versendungskauf. Abtretung von Haftungsansprüchen an Ausländer. Revisible Rechtsnorm. Reichsrecht. (RVerf. Art. 131, 178; RHaftG. § 7; ZPO. §§ 549, 562; VersVertr. Art. 109.) Eine Sendung, die von einem deutschen Kaufmann nach Dänemark aufgegeben worden war, wurde wegen Mangels der Ausfuhrbewilligung angehalten und für verfallen erklärt. Der Absender trat seine Ansprüche dem dänischen Empfänger ab; dieser klagte gegen das Reich auf Schadenersatz. Die Klage wurde abgewiesen. Da es sich um einen Versendungskauf handelte, war das Eigentum an der Sendung nicht auf den Kläger übergegangen, sondern beim Absender verblieben; dieser war daher, wenn ein Schadenersatzanspruch bestand, zur Geltendmachung berechtigt. Dadurch, daß er ihn an einen Ausländer abtrat, wurde an der rechtlichen Natur des Anspruchs nichts geändert; insbesondere wurde der Anspruch dadurch nicht zu einem solchen eines Ausländers. Die Klage konnte demgemäß nicht deshalb abgewiesen werden, weil ein Anspruch aus dem Gesetz über die Haftung des Reichs für seine Beamten von Ausländern nur dann erhoben werden kann, wenn die Gegenseitigkeit verbürgt ist. Das Berufungsgericht hatte die Klage abgewiesen, weil eine ordnungsmäßige Ausfuhrbewilligung nicht vorlag. Diese Frage konnte das Reichsgericht nicht nachprüfen, weil es sich um Vorschriften handelte, auf deren Verletzung die Revision nicht gestützt werden konnte. Die maßgebenden Bestimmungen waren von der Internationalen Kommission während der Zeit der Besetzung Nordschleswigs erlassen worden. Sie stützen sich auf den

Versailler Vertrag, der Reichsrecht ist, können aber darum nicht selbst als reichsrechtliche Vorschriften angesehen werden. Wenn sogar Vorschriften, deren Setzung das Reich seinen Ländern ausdrücklich zuweist oder überläßt, nicht reichsrechtliche Normen sind, muß das um so mehr für Vorschriften gelten, deren Erlaß das Reich nur gezwungen zugelassen hat. (III, 25. September 1925.)

Amtl. Sammlg. S. 294—296.
Vgl. Bd. 109 S. 212.

62. **Notariatsgebühr.** (Pr. FGG. Art. 39, 80; Pr. NotGebO. § 11.) Ein Rittergutsbesitzer ersuchte den Notar des Ortes, in dem das Gut lag, nach Berlin zu kommen und dort den Verkauf zu beurkunden. Der Notar kam dem Ersuchen nach; das Geschäft zerschlug sich aber. Die Klage auf Zahlung der Gebühr, die sich auf 11000 Goldmark berechnete, wurde in zwei Instanzen abgewiesen; das Reichsgericht verwies die Sache zurück. Ein Notar in Preußen darf nicht außerhalb seines Amtsbezirks tätig werden; daraus ergibt sich aber noch nicht, daß er, wenn er diesem Verbot zuwider tätig wird, keine Gebühr beanspruchen kann. Es sind auch sonst Zuwiderhandlungen des Notars gegen dienstliche Vorschriften denkbar, ohne daß sich an den Verstoß der Verlust des Gebührenanspruchs knüpfte. Eine Überschreitung der örtlichen Zuständigkeitsgrenzen kann unter entschuldbaren Umständen begangen werden, so daß auch vom Standpunkt der Dienstzucht eine milde Beurteilung geboten ist; um so weniger wäre es verständlich, wenn in diesen Fällen der Notar mit dem Verlust des Gebührenanspruchs bestraft würde. (III, 25. September 1925.) Amtl. Sammlg. S. 296—298.

63. **Auflassungsanspruch. Abtretung. Bereicherungsklage. Unerlaubte Handlung. Schadenersatz.** (BGB. §§ 249, 313, 325, 407, 433, 437, 816, 823, 826.) Ein Baumeister kaufte ein Grundstück. Ehe es ihm aufgelassen wurde, trat er das Grundstück an seine Frau ab; über die Abtretung wurde eine schriftliche Urkunde errichtet. Infolge von Streitigkeiten erklärte er nachträglich seinen Rücktritt vom Vertrag. Das Grundstück wurde ihm von den Erben des Verkäufers aufgelassen. Die Frau klagte mit Erfolg gegen ihn auf Auflassung. Der Beklagte hatte der Klägerin gegenüber nicht die Verpflichtung zur Übereignung eines Grundstücks übernommen, sondern ihr den Anspruch auf

Auflassung, der ihm zustand, abgetreten; das konnte formlos geschehen. Die Erfüllung des gültig und wirksam abgetretenen Auflassungsanspruchs hatte der Beklagte vom Schuldner trotz der Abtretung entgegen genommen. Diese Leistung mußte die Klägerin gegen sich gelten lassen, wenn nicht bei ihrer Vornahme der Schuldner von der Abtretung Kenntnis hatte. Die Frage hatte das Berufungsgericht nicht geprüft. Die Klage war aber in dem einen wie in dem anderen Fall begründet. Wenn der Schuldner von der Abtretung keine Kenntnis hatte, ergab sich die Berechtigung der Klage aus den Vorschriften über die ungerechtfertigte Bereicherung. Wird an einen Nichtberechtigten eine Leistung bewirkt, die dem Berechtigten gegenüber wirksam ist, so ist der Nichtberechtigte dem Berechtigten zur Herausgabe der Leistung verpflichtet. Hatte der Schuldner bei der Vornahme der Auflassung Kenntnis von der Abtretung, so ließ sich die Verurteilung des Beklagten nicht, wie es das Berufungsgericht getan hatte, auf die Vorschriften über unerlaubte Handlung stützen; unter den Rechten, deren vorsätzliche oder fahrlässige Verletzung als unerlaubte Handlung zum Schadenersatz verpflichtet, sind Forderungsrechte nicht zu verstehen. Daß der Beklagte vorsätzlich in einer gegen die guten Sitten verstoßenden Weise der Klägerin Schaden zugefügt hatte, war in keiner Weise dargetan. Dagegen ergab sich die mit der Klage geltend gemachte Verpflichtung des Beklagten in diesem Fall aus dem Vertrag, auf Grund dessen die Abtretung vorgenommen worden war. Allerdings war der Klägerin in diesem Falle der Erfüllungsanspruch gegen den Schuldner nicht verloren gegangen; es konnte aber nicht zugelassen werden, daß der Beklagte sich der Haftung für sein vertragswidriges Verhalten dem neuen Gläubiger gegenüber entzog und diesen auf die Verfolgung des abgetretenen Anspruchs gegen den Schuldner verwies. In dieser Begründung war die Klage nicht auf die Bereicherung des Beklagten beschränkt, sondern auf Erfüllung des abgeschlossenen Vertrags gerichtet. Auf ein Verschulden des Beklagten kam es hiebei nicht entscheidend an. Er hatte übrigens nicht behauptet, daß er sich bei der Entgegennahme der Auflassung in einem entschuldbaren Irrtum befunden habe; soweit er sich auf den von ihm erklärten Rücktritt vom Vertrag, den das Berufungsgericht für unbegründet erklärt hatte, stützen wollte, tat er das auf seine Gefahr. (V, 26. September 1925.)

Amtl. Sammlg. S. 298—305.

Vgl. Bd. 53 S. 286; Bd. 103 S. 420; Bd. 108 S. 58.

64. Gewerbegericht. Zuständigkeit. Vereinbarung. (GewGG. §§ 4, 5, 6, 26, 27, 76; ZPO. §§ 38, 39, 40, 512a.) In der Verhandlung einer Sache vor dem Gewerbegericht wurde der Einwand der örtlichen Unzuständigkeit erhoben. Das Urteil, das der Klage entsprach, konnte nicht angefochten werden, da die Berufungssumme nicht erreicht war. Es wurde auf Feststellung geklagt, daß die Vollstreckung aus dem Urteil nicht zulässig sei. In allen Instanzen wurde die Klage abgewiesen. Auch wenn das Gewerbegericht örtlich nicht zuständig war, hatte das nicht die Nichtigkeit des von ihm erlassenen Urteils zur Folge. Durch die Zuständigkeit eines Gewerbegerichts wird die Zuständigkeit der ordentlichen Gerichte ausgeschlossen; daraus ist aber nicht zu folgern, daß, wenn zufolge des Fehlens eines örtlich zuständigen Gewerbegerichts das ordentliche Gericht zuständig ist, hiedurch die Zuständigkeit der Gewerbegerichte ausgeschlossen wird. Es steht nichts im Wege, in einem solchen Falle die Zuständigkeit eines an sich örtlich unzuständigen Gewerbegerichts zu vereinbaren. Das Urteil eines sachlich zuständigen, aber mangels ausdrücklicher oder stillschweigender Vereinbarung örtlich unzuständigen Gewerbegerichts ist der Rechtskraft fähig und kann nur mit den ordentlichen Rechtsmitteln oder nach Eintritt der Rechtskraft mit den außerordentlichen Rechtsmitteln angefochten werden. Ob in besonders gearteten Fällen, insbesondere bei bewußt zu Unrecht angemaßter örtlicher Zuständigkeit, eine Nichtigkeit des Urteils anzunehmen wäre, brauchte nicht entschieden zu werden, da ein solcher Fall nicht gegeben war. (V, 23. September 1925.) Amtl. Sammlg. S. 306—310.

Vgl. Bd. 33 S. 428.

65. Städtisches Elektrizitätswerk. Preisfestsetzung. Wucher. Billiges Ermessen. Widerspruch. Monopolstellung. Gute Sitten. (BGB. §§ 138, 315.) In einer Stadt, die ein Elektrizitätswerk betrieb, wurde der Preis für den Strom auf Grund der vom Stadtrat festgesetzten allgemeinen Bezugsbedingungen durch eine Kommission festgesetzt. Eine Aktiengesellschaft, die zu den Großabnehmern gehörte, widersprach der Festsetzung für die Zeit vom Oktober 1923 bis Februar 1924 und zahlte nur den nach ihrem Dafürhalten angemessenen Preis. Die Klage der Stadt drang durch. Wer von einem städtischen Elektrizitätswerk Strom beziehen will, muß sich den allgemeinen Lieferungsbedingungen und den einheitlich für alle Abnehmer festgesetzten Preisen unterwerfen. Die Stadt kann zwar mit einzelnen Abnehmern besondere Vereinbarungen treffen, kann aber dazu nicht gezwungen werden. Wenn ein Abnehmer gegen die Preisfestsetzung Widerspruch erhebt, kann die Stadt sich weigern, ihm weiter Strom zu liefern; aus der Nichtausübung dieser Befugnis ergibt sich aber nicht, daß sie dem Widerspruch stattgeben will. Bezieht der Abnehmer Strom trotz der Ablehnung seines Widerspruchs weiter, so unterwirft er sich damit trotz seines Widerspruchs der Preisfestsetzung; der Widerspruch ist mit seinem wirklichen Verhalten unvereinbar und darum unbeachtlich. Das Berufungsgericht hatte festgestellt, daß die Preise mit Rücksicht auf die damaligen wirtschaftlichen Verhältnisse nicht als übermäßig hoch zu bezeichnen waren; demgemäß konnte weder von Wucher noch auch von einer gegen die guten Sitten verstoßenden Ausbeutung der Monopolstellung der Stadt gesprochen werden, vielmehr war der Vorschrift genügt, daß, wenn eine Leistung durch eine der Vertragsparteien zu bestimmen ist, das nach billigem Ermessen zu geschehen hat. (VI, 29. September 1925.)

Amtl. Sammlg. S. 310—313.

66. **Versicherungsagent. Auskunfterteilung.** (Vers.-VertrG. §§ 43, 45.) Eine Aktiengesellschaft, welche sich mit dem Transport und der Einlagerung von Gütern befaßte, besaß mehrere Lagerhallen. Die dort eingelagerten Güter waren gegen Diebstahl versichert. Bei der Eröffnung einer neuen Halle zeigte ihr Vertreter diese dem Generalagenten der Versicherungsgesellschaft vor und fragte ihn, ob die Güter genügend sicher aufbewahrt seien; dieser bejahte die Frage. Aus der Halle wurden Güter gestohlen. Die Klage gegen die Versicherungsgesellschaft wurde mit der Begründung abgewiesen, daß sich die Versicherung nicht auf die Halle erstrecke. Die Revision blieb erfolglos. Durch die Erklärung des Generalagenten wurde die Versicherung nicht auf die neue Halle ausgedehnt. Die Agenten von Versicherungsgesellschaften, auch die bloßen

Vermittlungsagenten, sind nur dazu berufen, den Versicherungsnehmern Auskunft über Inhalt und Bedeutung der Versicherungsbedingungen und über den Umfang des abzuschließenden oder schon abgeschlossenen Versicherungsvertrags zu erteilen; solche Auskünfte müssen die Versicherungsgesellschaften gegen sich gelten lassen. Hätte die an den Agenten gerichtete Frage gelautet, ob die Versicherung sich auch auf die neue Halle erstrecke, und hätte er die Frage bejaht, so wäre der Klage stattzugeben gewesen. So hatte sich aber der Vorgang nicht abgespielt. Der Vertreter der Aktiengesellschaft ging davon aus, daß die neue Halle schon unter die Versicherung falle und fragte nur, ob die Aufbewahrung den Anforderungen der Versicherungsgesellschaft genüge; nur diese Frage hatte der Agent bejaht. Vor die Entscheidung der Frage, ob die in der Halle untergebrachten Güter versichert seien, war er gar nicht gestellt worden. Seine Äußerung in dem Sinne zu deuten, daß die Versicherung auf diese Güter erstreckt würde, ging nicht an. (VI, 2. Oktober 1925.) Amtl. Sammlg. S. 313—316.

67. Repartierungsrisiko. Ausländische Währung. Geldentwertung. (BGB. §§ 242, 244.) Im Juni 1923 wurde ein großer Posten Wolle verkauft; der Kaufpreis wurde in holländischen Gulden festgesetzt, aber in Mark bezahlt. Da dem Verkäufer infolge der Verschärfung der Devisengesetze die alsbaldige Umwechslung der Mark in Gulden nicht möglich war, verlangte er entsprechend der eingetretenen Geldentwertung weitere Zahlung. Der Verkäufer erwiderte, die Kaufpreisforderung sei bei Verrechnung der Markzahlungen zum Kurs des Zahlungstages beglichen. Die Klage wurde in allen Instanzen abgewiesen. In der vertraglichen Festsetzung einer Schuld in ausländischer Währung ist noch kein übereinkommen zu erblicken, das die Zahlung in inländischer Währung ausschließt, vielmehr ist eine in besonderem Maße unzweideutige Offenbarung des auf Zahlung in ausländischer Währung gerichteten Willens zu erfordern. Das Gesetz schreibt das ganz bestimmt vor und verfügt weiter, daß bei Zahlung in Reichswährung der Kurs maßgebend ist, der zur Zeit der Zahlung am Zahlungsorte gilt. Durch diese Vorschrift will das Gesetz Klarheit darüber schaffen, daß durch Markbeträge der Schuldner der ausländischen Währung seine Schuld tilgen kann; es macht diese Wirkung nicht davon

abhängig, daß dem Gläubiger der Erwerb der ausländischen Währung zum Kurs des Zahlungstages möglich ist. Die Gefahr einer Verschlechterung der deutschen Währung nach der Zahlung trug ausschließlich der Gläubiger; er hatte keinen Anspruch auf teilweise Übernahme durch den Schuldner. Die besonderen Verhältnisse der Inflationszeit, an die der Gesetzgeber bei der Fassung der Vorschrift nicht gedacht haben mochte, legten nur eine besonders sorgfältige Prüfung nahe, ob nicht nach dem Willen der Parteien ein anderer Zeitpunkt als jener der tatsächlichen Zahlung der Umrechnung zugrunde zu legen sei. Das Berufungsgericht hatte die Prüfung vorgenommen und die Frage verneint. Der Grundsatz, daß der Schuldner die Leistung so zu bewirken hat, wie Treu und Glauben mit Rücksicht auf die Verkehrssitte es erfordern, wurde hiedurch nicht verletzt. Es war zu jener Zeit üblich, besondere Vereinbarungen über die Übernahme des Risikos für die Beschaffung von Devisen (Repartierungsklauseln) abzuschließen, während andererseits mit Rücksicht auf die Devisengesetzgebung von maßgebender Seite Bedenken gegen die Gültigkeit solcher Vereinbarungen erhoben wurden; daraus ergab sich, daß sich damals eine feste Verkehrsauffassung über die Übernahme des Repartierungsrisikos durch den Schuldner nicht gebildet hatte. (II, 2. Oktober 1925.) Amtl. Sammlg. S. 316—320.
Vgl. Bd. 101 S. 312.

68. **Aufwertung. Verfassungsmäßigkeit. Enteignung. Anleihe. Darlehen. Annahme der Leistung.** (RVerf. Art. 105, 109, 134, 152, 153; 3. StNVO. § 11; AufwG. §§ 14, 15—24, 62, 63, 67, 68.) Im Jahre 1909 wurde ein verzinsliches Darlehen von 50000 Mark gegen Bestellung einer Hypothek gegeben. Es war am 1. April 1914 zur Heimzahlung fällig, doch wurden nur 5000 Mark zurückbezahlt. Im Juni 1914 wurde das Grundstück im Zwangswege versteigert; die Hypothek fiel bis auf 2000 Mark aus. Im Jahre 1923 pfändete der Gläubiger eine dem Schuldner zustehende Forderung und erhielt durch deren Einziehung vom Drittschuldner den Nennbetrag des Darlehensrestes ausbezahlt. Unter Berufung auf die Aufwertung und auf Verzug des Schuldners klagte er unter Vorbehalt weiterer Ansprüche auf Zahlung von 600 Goldmark nebst 5% Zinsen seit dem 1. Januar 1924. Die

Klage drang durch. Der Beklagte hatte sich zunächst auf Verfassungswidrigkeit der Aufwertungsgesetzgebung berufen. Maßgebend für die Beurteilung des Falles war nicht mehr die dritte Steuernotverordnung, auf welche die Klage gestützt war, sondern das an ihre Stelle getretene Aufwertungsgesetz. Dieses findet seit dem Tag seines Inkrafttretens (15. Juli 1925) auch auf anhängige Rechtsstreitigkeiten Anwendung; das ergibt sich aus der Vorschrift, daß es bei einer die Aufwertung regelnden rechtskräftigen gerichtlichen Entscheidung sein Bewenden haben soll mit der Maßgabe, daß der Anwendung der Vorschriften über die Rückwirkung auch eine rechtskräftige Entscheidung nicht entgegensteht. Soweit also eine rechtskräftige Entscheidung noch nicht vorliegt, sind die Vorschriften des Aufwertungsgesetzes in vollem Umfang zur Anwendung zu bringen. Der Prüfung, ob ein Gesetz gegen die Reichsverfassung verstößt, darf sich das Gericht unterziehen. Die Vorschrift, daß die Richter den Gesetzen unterworfen sind, bedeutet nicht, daß sie ordnungsmäßig verkündete Gesetze unter allen Umständen zu beachten haben; auch Reichsgesetzen kann die Gültigkeit aberkannt werden, wenn sie mit anderen, vom Richter zu beachtenden Vorschriften im Widerspruche stehen. Das ist besonders dann der Fall, wenn ein Gesetz der Reichsverfassung widerspricht und bei seinem Erlaß die Vorschriften über die Verfassungsänderung nicht eingehalten worden sind; da die Reichsverfassung selbst keine Vorschrift enthält, wonach die Entscheidung über die Verfassungsmäßigkeit von Reichsgesetzen den Richtern entzogen ist, kommt diesen das Recht und die Pflicht zu, die Verfassungsmäßigkeit von Reichsgesetzen nachzuprüfen. Beanstandet war die Verfassungsmäßigkeit zunächst deshalb, weil in der Aufwertung eine Enteignung zu finden sei. Ob das zutraf, ob nicht vielmehr die Aufwertung als eine gesetzliche Regelung des streitig gewordenen Rechtsverhältnisses zwischen den Gläubigern und Schuldnern anzusehen war, ließ das Reichsgericht dahingestellt; auch wenn in den Vorschriften des Gesetzes eine Enteignung der Gläubiger gefunden wurde, verstieß das Gesetz nicht gegen die Reichsverfassung. Die Geldentwertung und der wirtschaftliche Verfall in der Nachkriegszeit hatten zu einer völligen Erschütterung aller wirtschaftlichen Verhältnisse geführt; wenn auch den Gläubigern durch die Rechtsprechung das Recht zugestanden wurde, an Stelle des entwerteten Papiermarkbetrages ihrer Forderungen einen der Billigkeit entsprechend aufgewerteten Betrag zu verlangen, fehlte es doch an jeder sicheren Grundlage für die Beurteilung, welchen Wert die einzelne Forderung in Wahrheit noch darstellte. Bei der Beurteilung waren nicht nur die gesamten in Ansehung des Schuldverhältnisses in Betracht kommenden Umstände, sondern auch die Wirtschaftslage des Gläubigers und des Schuldners und die allgemeine, auf der Verringerung des Volksvermögens beruhende Verarmung zu berücksichtigen. Niemand konnte hienach mit annähernder Sicherheit voraussagen, wie hoch die Aufwertung gehen würde. Eine gesetzliche Regelung war im Interesse des gesamten Wirtschaftslebens dringend geboten. Hiebei handelte es sich nicht um eine Entziehung wohlbegründeter Rechte, sondern um eine Festsetzung und Begrenzung des Inhalts der durch die Geldentwertung in ihrer Grundlage erschütterten Rechtsverhältnisse. Aber auch wenn in der Regelung der Aufwertung eine unter den Begriff der Enteignung fallende Entziehung von Gläubigerrechten hätte gefunden werden können, wären die Erfordernisse für ihre Zulässigkeit erfüllt gewesen. Die gesetzliche Grundlage für sie war in dem Gesetz selbst enthalten. Daß eine Enteignung nicht nur durch eine Verwaltungsanordnung auf Grund eines Gesetzes, sondern durch ein Gesetz selbst erfolgen kann, ist wiederholt entschieden worden; in diesem Falle gilt das Erfordernis einer Entschädigung nicht, da eine solche ja durch Gesetz ausgeschlossen werden kann. Daß die Anordnung auch zum Wohle der Allgemeinheit getroffen war, ließ sich nicht bestreiten, da zur Wiederherstellung von Ruhe, Ordnung und Sicherheit im Innern und in der Steuerwirtschaft eine sofortige klare und abschließende Regelung der Aufwertungsfrage unbedingt notwendig war. Die im Schrifttum vertretene Auffassung, daß das Aufwertungsgesetz eine Rechtsentziehung vornahm, die nicht als Enteignung anzusehen und darum auch durch die Reichsverfassung nicht zugelassen war, erklärte das Reichsgericht für nicht durchschlagend. Unter Enteignung im Sinne der Reichsverfassung ist jeder Eingriff der Staatsgewalt in ein geschütztes Recht (auch ein Forderungsrecht) zu verstehen. Auch aus dem Gesichtspunkte der Gleichheit aller Deutschen vor dem Gesetz läßt sich die Verfassungsmäßigkeit des Aufwertungsgesetzes nicht anfechten. Dieser Grundsatz hat nur die Bedeutung, daß Tatbestände vom Gesetz als gleich zu behandeln sind, die ungleich zu behandeln Willkür bedeuten würde. Die Regelung der Aufwertung enthält allerdings vielfach große Härten und beklagenswerte Unbilligkeiten, namentlich für die Gläubiger; die Vorschriften waren aber Gegenstand eingehender Prüfung gewesen und von einer willkürlichen, vernünftige Erwägungen entbehrenden Regelung konnte nicht gesprochen werden. Die rückwirkende Kraft, welche sich das Gesetz in mehreren Punkten auch gegenüber rechtskräftigen gerichtlichen Entscheidungen beilegt, verstieß auch nicht gegen den Grundsatz, daß niemand seinem gesetzlichen Richter entzogen werden darf; eine Änderung der Vorschriften über die Rechtskraft kann, da sie selbst nur durch die Zivilprozeßordnung umschrieben sind, auch durch ein einfaches Gesetz vorgenommen werden. Ebenso verstoßen die Vorschriften des Aufwertungsgesetzes, durch welche vertragsmäßige Abmachungen geändert wurden, nicht gegen den verfassungsmäßig festgelegten Grundsatz der Vertragsfreiheit, denn dieser Grundsatz gilt nur nach Maßgabe der Gesetze, steht also einem im Wege des Gesetzes erfolgenden Eingriff in schon bestehende Vertragsverhältnisse mit rückwirkender Kraft nicht entgegen. In der Sache selbst ergab sich zunächst die Frage, ob die Darlehensforderung, deren Aufwertung der Kläger verlangte, als eine Hypothekforderung oder als eine ungesicherte Forderung anzusehen war. Das Berufungsgericht hatte sie als ungesicherte Forderung behandelt, weil sie beim Beginn des Währungsverfalls nicht mehr durch Hypothek gesichert war. Das Reichsgericht billigte die Auffassung. Welcher Tag als maßgebend anzusehen war, blieb dahingestellt; da der Währungsverfall erst während des Weltkrieges einsetzte, stellte sich die Forderung, deren hypothekarische Sicherheit schon vorher weggefallen war, jedenfalls als eine ungesicherte dar. Andererseits hatte die Forderung durch den Wegfall der hypothekarischen Sicherung die Eigenschaft einer Vermögensanlage nicht verloren, konnte also nur bis 25 v. H. des Goldwertes aufgewertet werden. Dieser Grundsatz war in der Klage eingehalten. Der Anspruch auf Aufwertung war auch nicht durch die im Jahre 1923 vorgenommene

Vollstreckung verloren gegangen. Die Aufwertung ist nur dann ausgeschlossen, wenn sich der Gläubiger bei der Annahme der Leistung seine Rechte nicht vorbehalten hat. Der Vorschrift liegt die Auffassung zugrunde, daß das Schuldverhältnis erlischt, wenn der Gläubiger eine ihm als Erfüllung angebotene unvollständige Leistung als Erfüllung annimmt. Diese Auffassung ist allerdings unrichtig, muß aber doch bei Auslegung der auf ihr beruhenden Vorschriften beachtet werden. Als Annahme der Leistung im Sinne dieser Vorschriften ist ein Verhalten des Gläubigers zu verstehen, das nach Lage des Falles unter Berücksichtigung der Verkehrssitte und der Grundsätze von Treu und Glauben sich als Ausdruck des Willens darstellt, eine Leistung als Erfüllung gelten zu lassen. Ein solches Verhalten kann an sich auch dann vorliegen, wenn der Gläubiger im Wege der Zwangsvollstreckung gegen den Schuldner vorgeht und eine Leistung erzwingt; im vorliegenden Fall war das aber nicht anzunehmen. Der Kläger konnte nur entsprechend dem ursprünglichen Schuldtitel vollstrecken und sich nur den Nennbetrag seiner Forderung verschaffen; einen Titel über den Aufwertungsbetrag hatte er nicht. Ein Anlaß zu einem Vorbehalt gegenüber dem Drittschuldner bestand für den Kläger nicht, da die Zahlung des Drittschuldners nicht als Erfüllung der Schuld des Beklagten geleistet wurde. (V, 4. November 1925.)

Amtl. Sammlg. S. 320—335.
Vgl. Bd. 103 S. 200; Bd. 107 S. 376; Bd. 109 S. 317; RG. Bd. 56 S. 177.

69. **Eisenbahnfracht. Verschulden der Bahn. Schadenersatz. Mitverschulden.** (BGB. § 254; EVO. §§ 63, 86.) Ein Möbelwagen wurde auf einem offenen Wagen einer elektrischen Bahn verladen. Er geriet in Brand. Die Klage des Eigentümers auf Schadenersatz wurde in zwei Instanzen abgewiesen. Seine Revision hatte Erfolg. Der Brand war vermutlich durch überspringen eines elektrischen Funkens entstanden; dies war dadurch verursacht worden, daß der Möbelwagen über die Profilhöhe hinausging. Die Untergerichte hatten angenommen, daß der Schaden den Umständen nach aus diesen Gefahren habe hervorgehen können, daß somit die Bahn nur im Falle eines Verschuldens schadenersatzpflichtig wäre und daß ein solches Verschulden nicht nachgewiesen sei. Das Reichs-

gericht hob demgegenüber hervor, daß die Bahn, da ihr bekannt war, daß ein Möbelwagen auf einem offenen Bahnwagen befördert werden sollte, verpflichtet gewesen wäre, einen Wagen zu stellen, bei dessen Verwendung die Profilhöhe nicht überschritten wurde und daß das Verschulden, das in dieser Unterlassung lag, allein oder doch mit Ursache gewesen sei für das Überspringen des Funkens. Das genügte, um die Bahn haftbar zu machen. In Betracht kam auch, ob die Oberleitung der Bahn richtig angelegt war; anderseits war zu prüfen, ob auch den Kläger ein Verschulden traf, ob er insbesondere verpflichtet war, die Höhe des Eisenbahnwagens nachzuprüfen oder auf Grund langjähriger Erfahrung sich darauf verlassen durfte, daß ihm ein geeigneter Wagen zur Verfügung gestellt würde, ob seine Leute erkennen konnten, daß der gestellte Wagen zu hoch war und daß die gesamte Ladung die Profilhöhe überschritt. Hienach war festzustellen, in welchem Verhältnis das beiderseitige Verschulden zueinander stand. (I, 29. September 1925.)

Amtl. Sammlg. S. 335—337.

Vgl. Bd. 34 S. 42.

70. Erbengemeinschaft. Passivlegitimation einzelner Erben. (BGB. §§ 2033, 2040.) Ein Haus, das einer Erbengemeinschaft gehörte, wurde verkauft; einer der Erben trat hiebei als Vertreter der übrigen auf. Er und ein anderer Erbe verweigerten nachher die Auflassung. Die Klage gegen sie drang in zwei Instanzen durch. Auf die Revision des anderen Erben wurde die Sache zurückverwiesen. Die Klage war damit begründet, daß die Erbengemeinschaft das Grundstück verkauft habe; sie war aber nur gegen einen Teil der Erben gerichtet, ohne daß behauptet war, daß diese sich zur Verfügung über das Grundstück verpflichtet hatten. Der Klage stand also der Einwand der mangelnden Passivlegitimation entgegen. Der Kläger hatte allerdings behauptet, die übrigen Erben seien zur Erklärung der Auflassung bereit; die Beklagten hatten das aber nicht zugegeben. Zur Aufklärung in dieser Hinsicht wurde die Sache zurückverwiesen. Wenn die Behauptung zutraf, stand nichts im Wege, die Beklagten zur Mitwirkung bei der Auflassung zu verurteilen. (V, 5. Oktober 1925.) Amtl. Sammlg. S. 338—340.

Vgl. Bd. 93 S. 295.

71. Beamtenunfallfürsorge. Postbeamter. Ausschließliche Zuständigkeit des Landgerichts. (RBeamtUnfFürsG. § 9; RPostFinG. § 12; GVG. § 71; ZPO. § 547.) Ein Postbeamter, der infolge eines Dienstunfalles an einer Nervenerkrankung litt, klagte auf Erstattung von Kosten des Heilverfahrens. Seine Klage drang in den unteren Instanzen nur teilweise durch. Die Revision wurde für zulässig erklärt, obwohl die Revisionssumme nicht erreicht war. Auf die nach dem Gesetz über Unfallfürsorge für Beamte zu gewährenden Bezüge finden die Vorschriften über Ruhegehalt Anwendung; in erster Instanz sind also ohne Rücksicht auf den Wert des Streitgegenstandes die Landgerichte zuständig. Als Reichsbeamte sind in dieser Hinsicht auch die Beamten der Reichspost zu behandeln, wenn diese auch ein selbständiges Unternehmen bildet. (III, 6. Oktober 1925.) Amtl. Sammlg. S. 341—342.

72. Deckungskauf. Schadensberechnung. Geldentwertung. Aufwertung. (BGB. §§ 242, 249, 326.) Am 25. August 1921 wurden 5000 holländische Gulden zum Preis von 130 750 Papiermark gekauft. Der Verkäufer lieferte sie nicht, obwohl der Käufer ihn mahnte und ihm eine Nachfrist setzte. Am 17. November 1921 nahm der Käufer den Deckungskauf vor; er hatte dabei 461 585 Papiermark aufzuwenden. Hievon rechnete er den vereinbarten Kaufpreis und einen Betrag von 50 000 Papiermark, den er vom Verkäufer erhalten hatte, ab und verlangte als Schadenersatz einen Betrag von 281 650 Papiermark = 5318 Goldmark. Das Berufungsgericht wies die Klage ab. Die Revision des Klägers hatte Erfolg. Das Berufungsgericht war davon ausgegangen, daß zwar der Beklagte in Verzug geraten und demgemäß dem Kläger zum Schadenersatz verpflichtet sei, hatte aber angenommen, daß der Kläger keinen Schaden erlitten habe, weil die Summe, die er für den Ankauf der 5000 Gulden hatte aufwenden müssen, keinen höheren Geldwert gehabt habe als der vereinbarte Kaufpreis. Hiebei war nicht beachtet, daß zu jener Zeit der deutsche inländische Verkehr bei Geschäften der hier fraglichen Art nicht nach Goldmark sondern durchweg nach Papiermark rechnete. Wer damals einen Gegenstand zu einem in Papiermark vereinbarten bestimmten Kaufpreis zu liefern hatte, mußte sich mit dem Nennbetrag des Kaufpreises in Papiermark zufrieden geben, auch wenn dieser weniger Goldwert hatte als zur Zeit des Kaufabschlusses. Demgemäß hatte der Käufer, der bei dem Deckungskauf mehr Papiermark hatte aufwenden müssen, als der Kaufpreis betrug, grundsätzlich Schaden erlitten und konnte dafür von dem säumigen Verkäufer Ersatz verlangen. Die Berechnung in Papiermark war nicht zu beanstanden, wohl aber die Umrechnung in Goldmark. Der Kläger hatte der Umrechnung den Kurs des holländischen Gulden am 18. November 1921 zugrunde gelegt, hienach einen Schaden von 3130 Gulden errechnet und den Gulden mit 1,70 Goldmark bewertet. In der Revisionsinstanz hatte er ausgeführt, daß er am 18. November 1921 für den vereinbarten Kaufpreis von 130 750 Papiermark nur noch 1418 holländische Gulden erhalten hätte, also als Schadenersatz einen dem Betrag von 3582 holländischen Gulden entsprechenden Markbetrag fordern könne. Das Reichsgericht erklärte beide Berechnungsarten für unrichtig. Der Schaden war zunächst in Papiermark festzustellen; wie dieser Betrag aufzuwerten war, hing davon ab, was aus ihm geworden wäre, wenn er im Vermögen des Klägers geblieben wäre. Daß der Kläger, der ein Bankgeschäft betrieb, den Betrag wertbeständig, etwa in holländischen Gulden, angelegt und so erhalten hätte, war nicht ohne weiteres anzunehmen; vielmehr war davon auszugehen, daß er die Summe in seinem gesamten Betriebe verwendet und dabei nur zum Teil der fortschreitenden Entwertung des deutschen Geldes entzogen hätte. (I, 7. Oktober 1925.)

Amtl. Sammlg. S. 342—345.
Vgl. Bd. 109 S. 39.

73. **Schuldverschreibung auf Order. Verwahrungsvertrag. Aufwertung. Einlösung.** (HGB. §§ 363—366; BGB. § 1817; AufwG. §§ 33 ff.) Eine Aktiengesellschaft hatte Schuldverschreibungen ausgegeben, die auf eine Bank in Berlin oder an deren Order lauteten und auf welchen diese Bank neben anderen Banken als Zahlstelle bezeichnet war. Ein Kunde der Bank erwarb von ihr solche Verschreibungen, die mit ihrem Blankoindossament versehen waren, und überließ sie ihr zur Aufbewahrung. Mitte 1923 kündigte die Aktiengesellschaft die Schuldverschreibungen zur Heimzahlung auf den 2. Januar 1924 und zwar zum Kurse von 103%, erklärte sich aber bereit,

2000% zu vergüten, wenn die Schuldverschreibungen bis zum 30. September 1923 eingereicht würden. Die Bank teilte das allen Personen mit, die ihr solche Schuldverschreibungen in Verwahrung gegeben hatten, und fügte bei, daß sie das Angebot annehmen würde, wenn sie bis zum 15. August keine gegenteilige Weisung erhielte. An den vorgenannten Kunden wurde die Mitteilung aus Versehen nicht abgesandt. Die Bank brachte die Stücke bei sich selbst als Zahlstelle der Aktiengesellschaft zur Einlösung und schrieb den Betrag ihren Kunden gut; die Schuldverschreibungen sandte sie an die Aktiengesellschaft. Den Kunden teilte sie mit, welcher Betrag ihnen gutgeschrieben worden war; auch diese Mitteilung wurde an den vorgenannten Kunden aus Versehen nicht weggefertigt. Er klagte gegen die Aktiengesellschaft auf Herausgabe der Schuldverschreibungen, hilfsweise auf Lieferung anderer Stücke derselben Art. Das Landgericht wies die Klage ab; das Reichsgericht gab ihr statt. Eine Bank, der Wertpapiere in Verwahrung gegeben sind, ist berechtigt und verpflichtet, alle Handlungen vorzunehmen, die zur ordnungsmäßigen Verwaltung im Sinne des Hinterlegers erforderlich oder angemessen erscheinen, daher auch ordnungsmäßig gekündigte oder ausgeloste Stücke zur Einlösung zu geben. So lag die Sache aber hier nicht. Zu der Zeit der Kündigung war die deutsche Währung schon stark verfallen; über die Aufwertung von Schuldverschreibungen war schon ein lebhafter Streit entbrannt. Das Angebot der beklagten Aktiengesellschaft bezweckte, die bestehenden Zweifel durch eine besondere Vereinbarung auszugleichen; es bedeutete unter Umständen einen Verzicht der Inhaber von Schuldverschreibungen auf erhebliche Summen. Eine solche Einigung ging weit über den Inhalt der üblichen Verwaltungsbefugnis hinaus, die nur die Geltendmachung von ganz bestimmten Rechten der Kunden umfaßt. So ist eine Bank auch nicht befugt, das Bezugsrecht auf neue Aktien bei Erhöhung des Kapitals auszuüben oder dieses Recht zu veräußern; eine Entscheidung hierüber bleibt dem Kunden selbst vorbehalten. Da die Schuldverschreibungen sich mit Blankoindossament versehen im Besitz der Bank befanden, wäre die beklagte Aktiengesellschaft allerdings befugt gewesen, den Schuldbetrag mit befreiender Wirkung an die Bank zu zahlen; daß sie im vorliegenden Fall wußte, daß die Bank darüber nicht verfügen durfte, oder zufolge grober Fahrlässigkeit das nicht wußte, war nicht nachgewiesen. Demzufolge hätte sie auch mit der Bank eine Vereinbarung über die Höhe der Aufwertung treffen und ihr entsprechend die Stücke einlösen können. Diese Einlösung hatte aber nicht die Aktiengesellschaft, sondern die Bank vorgenommen; diese vertrat dabei sowohl den Kläger als die beklagte Aktiengesellschaft, nahm also das Geschäft mit sich selbst als Vertreterin beider Parteien vor. Hiezu war sie nicht berechtigt; es handelte sich nicht nur um die Erfüllung einer Verbindlichkeit und eine besondere Ermächtigung war ihr nicht erteilt. Demzufolge waren die Handlungen der Bank für den Kläger nicht bindend. Auch aus einem anderen Grunde ergab sich die Unverbindlichkeit. Die Bank durfte über die bei ihr in Verwahrung gegebenen Stücke nicht verfügen, wenn sie wußte oder grob fahrlässig nicht wußte, daß der Kunde damit nicht einverstanden war. Sie nahm die Zustimmung des Klägers auf Grund des von ihr an ihre Kunden versandten Schreibens an; hierin lag eine grobe Fahrlässigkeit, weil dem Kläger das Schreiben nicht zugesandt worden war. Falls sie ihre Befugnis zur Einlösung schon aus ihrer Verwaltungsbefugnis hergeleitet und eine Zustimmung des Klägers dazu für unnötig gehalten hätte, wäre ihr auch das als grobe Fahrlässigkeit anzurechnen gewesen. Die Aktiengesellschaft mußte also den Mangel der Verfügungsbefugnis der Bank gegen sich gelten lassen. (I, 7. Oktober 1925.)

Amtl. Sammlg. S. 345—350.

Vgl. Bd. 109 S. 30.

74. **Patentverletzung. Kombinationspatent.** (PatG. §§ 4, 35.) Ein Patent war in folgender Weise beschrieben: „Nach Stromstärke und Spannung unverwechselbare Schraubstopfelsicherung, gekennzeichnet durch Unverwechselbarkeits-Einsatzkörper in Form von Kontaktschrauben, deren Kopfhöhe bei wachsender Spannung abnimmt, wobei in bekannter Weise die von den Kontaktschrauben gehaltenen Isolierkörper mit einer zentralen Bohrung versehen sind, deren Durchmesser bei wachsender Stromstärke zunimmt, zu dem Zwecke, Schraubstöpsel niedriger Spannung in Sicherungssockeln höherer Spannung nicht stromführend einsetzen zu können." Die Sicherungen dieser Art bestanden im wesentlichen aus einem Stöpselkopf, einer

Patrone, eine Kontaktschraube und einem Isolierkörper; die Patrone war mit Hilfe des Stöpselkopfes in den durch die Kontaktschraube gehaltenen Isolierkörper eingefügt. Von anderer Seite wurden Patronen hergestellt, die mit den zu der Patenterfindung gehörigen Patronen verwechselt werden konnten. Wegen Patentverletzung wurde auf Unterlassung, Rechnungslegung und Schadenersatz geklagt und zwar hinsichtlich der Schraubstöpselsicherungen im ganzen wie hinsichtlich der dazugehörigen Patronen. Das Berufungsgericht verurteilte den Beklagten, es zu unterlassen, Patronen herzustellen, in Verkehr zu bringen, feilzuhalten oder zu gebrauchen, die dem System des Klägers angepaßt waren, außerdem dem Kläger Auskunft darüber zu erteilen, wieviel Patronen dieser Art er hergestellt und vertrieben hatte. Die Revision des Beklagten hatte keinen Erfolg. Der Kläger nahm für die einzelnen Teile der von ihm hergestellten Sicherung, insbesondere für die Patronen, keinen Patentschutz in Anspruch; es handelte sich vielmehr um eine Kombinationserfindung, deren Bedeutung gerade in der Zusammenstellung der Teile ohne Rücksicht auf deren Neuheit liegt. Ein Kombinationspatent verletzt in der Regel nicht, wer nur einen selbständigen nicht geschützten Teil des Patentes benützt. Der vorliegende Fall wies aber die Besonderheit auf, daß der vom Beklagten benutzte Teil, die Patronen, für die gewerbliche Verbreitung der Erfindung des Klägers von besonderer Bedeutung war. Wer sich die Sicherung des Klägers einmal angeschafft hatte, mußte die Patronen mit den darin enthaltenen Sicherungen von Zeit zu Zeit ergänzen; das Patent des Klägers wurde wesentlich seiner Bedeutung entkleidet, wenn man dem Beklagten gestattete, Patronen von solcher Form und Größe herzustellen, daß sie mit den nach dem Patent des Klägers eingerichteten, für die gleiche Stromstärke und Spannung bestimmten anderen Sicherungsteilen zusammengefügt werden konnten und mit ihnen als eine alle Merkmale der geschützten Erfindung enthaltende Schraubstöpselsicherung verwendbar waren. Damit war der Umgehung des Patents Tür und Tor geöffnet. Verletzt wurde das Patent des Klägers durch eine Ausgestaltung der Patronen nach Form und Größe, daß sie bei gleichen Spannungen und Stromstärken zu den anderen Teilen der Sicherungsvorrichtung des Klägers genau paßten und mit diesen zusammen die Erfindung verkörperten. In diesem Sinne mußte das Urteil des Berufungsgerichts verstanden werden. Soweit Patronen, die vom Beklagten hergestellt waren, für andere als die dem Kläger geschützten Einrichtungen Verwendung gefunden hatten, entfiel der Anspruch auf Rechnungslegung und Schadenersatz; den Nachweis hatte aber der Beklagte zu erbringen, weil er die Gesamteinrichtung des Klägers verletzt hatte und die Wahrscheinlichkeit dafür sprach, daß seine Patronen für die dem Kläger geschützte Einrichtung gebraucht werden sollten und gebraucht wurden. (I, 7. Oktober 1925.) Amtl. Sammlg. S. 350—354.

Vgl. Bd. 22 S. 167.

75. **Hausbesitzerverein. Tarifvertrag.** (TarVertrVO. § 1.) Der Schlichtungsausschuß Großberlin setzte durch einen Schiedsspruch einen Tarifvertrag zwischen dem Bund der Berliner Haus- und Grundbesitzer und dem Deutschen Portierverband fest, der die Arbeitsbedingungen der in Berliner Wohnhäusern beschäftigten Pförtner, Hausreiniger und Hausreinigerinnen zum Gegenstande hatte und für verbindlich erklärt wurde. Der Bund der Haus- und Grundbesitzer klagte auf Feststellung der Unwirksamkeit des Tarifvertrags, weil er nicht als tariffähig im Sinne der Tarifvertragsverordnung anzusehen sei. Das Kammergericht wies die Klage ab; das Reichsgericht ordnete eine neue Prüfung der Sache an. Tarifverträge dürfen zwischen Vereinigungen von Arbeitgebern und Arbeitnehmern geschlossen werden. Wann eine Vereinigung von Arbeitgebern im Sinne dieser Vorschrift vorliegt, ist nicht näher gesagt; aus dem Wortlaut und dem Zweck der Vorschrift ergibt sich aber, daß tariffähig nur eine Vereinigung von Personen ist, die sich in ihrer Eigenschaft als Arbeitgeber in irgendeiner Rechtsform zusammengeschlossen hat und zu deren Satzungs- oder Verbandzwecken es (allein oder mit anderen Zwecken) gehört, ihre Interessen als Arbeitgeber gegenüber den Interessen der Arbeitnehmer zu vertreten und Einfluß auf die Gestaltung der Lohn- und Arbeitsbedingungen zu gewinnen. Eine ausdrückliche Erklärung der Satzung über die Absicht oder Bereitschaft zum Abschluß von Tarifverträgen oder eine besondere Ermächtigung des Vorstands oder eines anderen Vertreters der Vereinigung ist nicht erforderlich;

es genügt, wenn aus dem Wesen der Vereinigung klar und zweifelsfrei erhellt, daß die Eigenschaft der Vereinsmitglieder als Arbeitgeber wenigstens eines der Bänder ist, welche sie zusammenhalten, und daß sich der Verband auf dem Gebiete der Festsetzung der Lohn- und Arbeitsbedingungen betätigen und handelnd in sie eingreifen will und soll. Daraus allein, daß ein Verband wirtschaftliche Zwecke verfolgt, ergibt sich seine Tariffähigkeit noch nicht. Es gibt zahlreiche Verbände, z. B. von Beamten und Ärzten, zur Wahrnehmung der wirtschaftlichen Belange ihrer Mitglieder; diese sind nicht ohne weiteres als fähig und befugt anzuerkennen, mit den Arbeitnehmervereinigungen, zu denen die Hausangestellten ihrer Mitglieder gehören, Tarifverträge abzuschließen. Durch die Tatsache allein, daß der klagende Verband sich die Verfolgung wirtschaftlicher Interessen seiner Mitglieder zum Ziel gesetzt hatte, konnte also seine Rechtsstellung als Arbeitgeberverband nicht bewiesen werden; die Beziehungen der Haus- und Grundbesitzer zu ihren Arbeitnehmern konnten unter diese Gesichtspunkte fallen, brauchten es aber nicht zu tun. Im neuen Verfahren war zu prüfen, wie weit das der Fall war. Hiebei konnte von Bedeutung sein, ob nach der örtlichen Auffassung mit dem Begriff eines Hausbesitzers sich notwendig auch der eines Arbeitgebers verband, insbesondere welcher Teil der Verbandsmitglieder Pförtner, Hausreiniger und Hausreinigerinnen beschäftigte. Wenn sich aus einer Vereinssatzung klar die Befugnis zum Abschluß von Tarifverträgen ergibt, wird diese nicht dadurch berührt, daß einzelne Vereinsmitglieder nicht Arbeitgeber sind; anderseits kann aber, wenn die Tariffähigkeit eines Vereins aus der Satzung und aus seinem Charakter nicht zweifelsfrei zu entnehmen ist, das Fehlen der Arbeitgebereigenschaft bei einem nicht unbeträchtlichen Hundertsatz der Mitglieder gegen die Befugnis des Vereins zum Abschluß von Tarifverträgen sprechen. Das wird um so mehr der Fall sein, wenn der Verein sich stets als nichttariffähig bezeichnet und den Abschluß von Tarifverträgen abgelehnt hat. Umgekehrt würde auch ohne klare Satzungsbestimmung der wiederholte Abschluß von Tarifverträgen ohne Widerspruch der Vereinsmitglieder ein Beweisgrund für die Tariffähigkeit des Vereins sein. (III, 9. Oktober 1925.) Amtl. Sammlg. S. 354—358. _ Vgl. Bd. 107 S. 144.

76. Beamtenrecht. (RVerf. Art. 56; RBesoldG. § 23.) Kriegsgerichtssekretäre wurden nach Aufhebung der Militärgerichtsbarkeit auf ihr Ansuchen vom Reichsschatzministerium als Verwaltungssekretäre der Besoldungsgruppe 6 mit Wirkung vom 25. November 1920 angestellt. Am 5. August 1921 wurden sie vom Reichswehrminister mit Wirkung vom 1. April 1920 an zu Oberkriegsgerichtssekretären der Besoldungsgruppe 7 befördert. Der Unterschied an Dienstbezügen wurde ihnen bis zum 30. November 1920 nachbezahlt. Sie klagten auf Feststellung, daß ihnen auch für die Zukunft die Gebührnisse der Besoldungsgruppe 7 zustünden. Die Klage wurde abgewiesen. Bei ihrem Übertritt in die Reichsvermögensverwaltung bezogen die Kläger die Gebührnisse der Besoldungsgruppe 6, der sie dann auch dort zugeteilt wurden. Eine höher besoldete Stelle konnte ihnen nach ihrer endgültigen Anstellung im Bereich des Reichsschatzministeriums vom Reichswehrminister in seinem Dienstbereich nicht mehr verliehen werden; jeder Reichsminister kann Ernennungen und Beförderungen nur in seinem Geschäftsbereich wirksam vornehmen. Die Beförderung der Kläger blieb daher für ihre Anstellung in der Reichsvermögensverwaltung wirkungslos. (III, 9. Oktober 1925.)

Amtl. Sammlg. S. 358—361.
Vgl. Bd. 59 S. 419.

77. Geldentwertung. Rechtskraft. Schiedsspruch. (BGB. § 242; ZPO. a. F. §§ 529 Abs. 3 [n. F. § 529 Abs. 5], 1041, 1042; VO. vom 13. Februar 1924 über das Verfahren in bürgerlichen Rechtsstreitigkeiten.) In einem Vertrag über Ausführung von Bauarbeiten war eine schiedsrichterliche Erledigung der Streitigkeiten vorgesehen. Am 13. Februar 1923 wurde der Besteller zu einer Zahlung von 1 377 000 Mark und zur Tragung der Kosten verurteilt; diese wurden am 2. März 1923 auf 575 000 Mark festgesetzt, Ansprüche wegen der Geldentwertung wurden einem besonderen Verfahren vorbehalten. In diesem wurden 21 000 000 Mark zuerkannt. Der erste Schiedsspruch wurde für vollstreckbar erklärt, für den zweiten wurde die Vollstreckungsklage abgewiesen; beide Urteile erlangten die Rechtskraft. Mit einer neuen Klage verlangte der Kläger den Goldwert der ihm durch den ersten Schiedsspruch zuerkannten Beträge und zwar für die

Hauptsumme nach dem Dollarkurs vom 28. Juli 1922, dem Tag der Fälligkeit, für die Kosten nach dem Dollarkurs vom 2. März 1923. Das Berufungsgericht verurteilte den Beklagten zur Zahlung von 7000 Goldmark nebst 4% Zinsen seit dem 29. Februar 1924. Beide Parteien legten mit Erfolg Revision ein. Der Beklagte hatte zunächst eingewandt, daß für die Aufwertung das Schiedsgericht zuständig gewesen sei und hierüber auch entschieden habe. Diese Frage war nicht näher zu prüfen, da schon auf die frühere Vollstreckungsklage die Unzuständigkeit des Schiedsgerichts für den zweiten Schiedsspruch, die damals der Beklagte selbst behauptete, festgestellt und das Urteil rechtskräftig geworden war. Unrichtig war aber die Auffassung des Berufungsgerichts, daß der Beklagte gegen den Anspruch des Klägers aus dem Werkvertrag keine Einwendungen mehr erheben könne. Der erste Schiedsspruch hatte nur über die in ihm genannte Papiermarksumme und nur in dieser Höhe über die Einwendungen des Beklagten entschieden; wenn nun weitere Beträge in Goldmark oder Reichsmark verlangt wurden, standen dem Beklagten wieder alle Einwendungen gegen den Anspruch selbst offen. Nur dann, wenn Schadenersatz wegen Nichtzahlung einer urteilsmäßig festgestellten Forderung verlangt wird, kann auf die Grundlagen des Urteilsspruches nicht mehr zurückgegriffen werden, da schon rechtskräftig feststeht, daß die dort zugesprochenen Summen zu zahlen sind. Da der Kläger die Umrechnung der Hauptsumme nach einem Zeitpunkte verlangte, der vor dem Urteil lag, traf diese Ausnahme nicht zu. Hinsichtlich der Kosten lag die Sache möglicherweise anders; hier ergab sich aber die Aufhebung des Urteils aus einem anderen Grunde. Der Berufungsrichter hatte die vom Beklagten erst in der zweiten Instanz zur Aufrechnung gestellten Gegenforderungen ohne Vorbehalt zurückgewiesen. Dadurch waren die Übergangsvorschriften für die Neuregelung des Verfahrens in bürgerlichen Rechtsstreitigkeiten verletzt. Nach diesen Vorschriften ist die vorbehaltlose Zurückweisung von Aufrechnungseinreden im Berufungsverfahren nur dann zulässig, wenn die letzte mündliche Verhandlung in der ersten Instanz erst nach dem Inkrafttreten der neuen Vorschriften (1. Juni 1924) stattgefunden hat. Das war hier nicht der Fall gewesen; die Zurückweisung hätte also nur unter dem Vorbehalt der Geltendmachung der zur Aufrechnung gestellten Forderungen erfolgen dürfen. Die Revision des Klägers war gleichfalls begründet. Das Berufungsgericht hatte den Beklagten nur unter dem Gesichtspunkt der reinen Aufwertung verurteilt, während das Landgericht ihm einen Schadenersatzanspruch wegen Verzugs zugebilligt hatte. Für die reine Aufwertung ist erst Raum, wenn kein anderer, die Geldentwertung mitberücksichtigender Anspruch erhoben worden ist. Das Berufungsgericht hätte deshalb zu dem vom Landgericht anerkannten Schadenersatzanspruch Stellung nehmen müssen. Der Unterschied ist erheblich. Besteht ein Schadenersatzanspruch, so ist die Höhe des Schadens, unter Umständen auf Grund eines Schätzungseides, festzustellen und dieser Betrag dem Kläger zuzusprechen; ist aber nur ein Aufwertungsanspruch gegeben, so ist dessen Höhe nach Treu und Glauben zu bemessen. (VI, 9. Oktober 1925.) Amtl. Sammlg. S. 361—366. Vgl. Bd. 106 S. 184; Bd. 108 S. 39; Bd. 109 S. 61; Bd. 110 S. 127.

78. **Versorgungsgebührnisse. Verzugsschaden. Aufwertung. Amtspflichtverletzung.** (RVerf. Art. 131; BGB. § 839; PersAbbauVO. vom 27. Oktober 1923 Art. 21; 12 ErgVO.z.BesoldGes. vom 12. Dezember 1923; Vers.-VerfG. §§ 1, 73, 160). Der Witwe eines Offiziers wurde der Teuerungszuschlag zu ihren Versorgungsgebührnissen für das Jahr 1922 erst im Januar 1923 ausbezahlt. Sie klagte gegen das Reich auf Schadenersatz wegen Verschuldens der mit der Anweisung und Auszahlung betrauten Beamten. In zwei Instanzen drang die Klage durch. Das Reichsgericht verwies die Sache zurück. Das Berufungsgericht hatte einen Anspruch auf Schadenersatz nicht für begründet erachtet, weil die mit der Einweisung und Auszahlung von Versorgungsgebührnissen betrauten Beamten nicht in Ausübung öffentlicher Gewalt handelten. Diese Auffassung erklärte das Reichsgericht für unrichtig. Die Versorgung, die der Staat den Beamten und Offizieren sowie ihren Hinterbliebenen gewährt, ist ein Ausfluß der Fürsorge, die er den Beamten und Offizieren dafür ange-

deihen läßt, daß sie ihre Person in seinen Dienst stellen und sich seiner Gewalt unterwerfen. Die Tätigkeit der Beamten, welche an der Verwirklichung dieser Fürsorge beteiligt sind, ist sonach als eine Ausübung öffentlicher Gewalt anzusehen, die gerade auch das Gebiet der staatlichen Fürsorge mit umfaßt. Die Verordnung über die 12. Ergänzung des Besoldungsgesetzes versagt allerdings bei nachträglicher Auszahlung von Versorgungsgebührnissen das Recht auf Verzinsung oder Schadenersatz; wenn damit aber die Staatshaftung für einen durch Verschulden der beteiligten Beamten entstandenen Schaden ausgeschlossen werden sollte, stünde die Vorschrift im Widerspruch mit der Reichsverfassung und wäre darum in diesem Umfang rechtsungültig. Das gleiche muß für die Vorschrift der Personal-Abbauverordnung gelten, daß Nachzahlungen aus Ruhegehalt und Versorgungsgebührnissen für die Zeit vor dem 1. Januar 1923 unzulässig sind. Anderseits ließ sich die Auffassung des Berufungsgerichts nicht halten, daß der Anspruch der Klägerin durch die Vorschriften über den Verzug seine Begründung erhalte. Die Klägerin hatte sich selbst auf diese Vorschrift nicht bezogen; selbst wenn aber hierin nur eine den Richter nicht bindende Kundgebung über die rechtliche Natur der Klageforderung zu erblicken gewesen wäre, mußte der Verzug des Beklagten als Unterlage des Klagebegehrens schon deshalb ausscheiden, weil für einen so begründeten Anspruch der Rechtsweg nicht offen steht. Die Feststellung der Versorgungsgebührnisse, deren verspätete Zahlung in Frage kam, hätte im Streitfall durch die Spruchbehörden des Versorgungsverfahrens erfolgen müssen; das hatte auch für den Streit über den Schaden zu gelten, welcher der Klägerin nach ihrer Behauptung durch die verzögerte Auszahlung erwachsen war. Der Ersatz dieses Schadens stellte sich als eine zu den Versorgungsgebührnissen hinzutretende Nebenleistung dar, die in engem Zusammenhang mit der Hauptleistung stand und über die darum zweckmäßigerweise im gleichen Verfahren zu entscheiden war. Auch für die Aufwertung der nachgezahlten Beträge wäre der Rechtsweg nicht zulässig; dieser Anspruch könnte nur die richtige Bemessung der Versorgungsbezüge zum Ziele haben und würde nur die Geltendmachung des Versorgungsanspruchs selbst zu einem nach den Grundsätzen der Billigkeit erhöhten Betrag bedeuten. (III, 6. Oktober 1925.)

Amtl. Sammlg. S. 366—370.

Vgl. Bd. 92 S. 274; Bd. 102 S. 166.

79. Notwehr. Gegenwärtiger rechtswidriger Angriff. Mitverschulden. (BGB. §§ 227, 254.) Ein Mann, der auf einem Feld Kartoffeln entwenden wollte, wurde vom Eigentümer des Feldes durch einen Schrotschuß verletzt. Das Berufungsgericht sprach ihm einen Teil des von ihm verlangten Schadenersatzes zu; das Reichsgericht wies die Klage ab. Das Vorbringen des Beklagten, daß damals häufig Bandendiebstähle mit Waffen ausgeführt worden seien, hatte das Berufungsgericht als richtig angenommen; es hatte aber die Abgabe eines Schusses deshalb nicht für gerechtfertigt erachtet, weil der Kläger sich zur Flucht gewendet habe. Das Reichsgericht erklärte, daß hierbei der Begriff der Notwehr rechtlich verkannt worden sei. Der Kläger führte, als er vor dem Beklagten davonzulaufen versuchte, einen Rucksack voll gestohlener Kartoffeln mit sich. Solange er bestrebt war, sich die Diebsbeute zu sichern, dauerte sein gegenwärtiger rechtswidriger Angriff gegen das Eigentum des Beklagten noch fort und dieser war berechtigt, die zur Abwendung des vom Kläger angestrebten Erfolges notwendigen Mittel anzuwenden, auch wenn dadurch eine Gefährdung des Klägers an Leib und Leben herbeigeführt werden konnte. Als ein solches Mittel war der von ihm abgegebene Schrotschuß unbedenklich anzusehen. Bei dieser Sachlage bedurfte es keiner Erörterung, ob nicht auch im Fall eines Verschuldens des Beklagten das Verschulden des Klägers, wegen dessen das Berufungsgericht einen teilweisen Ausschluß der Haftung des Beklagten angenommen hatte, bei richtiger Beurteilung dazu führen würde, einen Schadenersatzanspruch völlig auszuschließen. (IV, 12. Oktober 1925.)

Amtl. Sammlg. S. 370—372.

Vgl. RGSt. Bd. 55 S. 82.

80. Rechtsanwaltsgebühr. Aufwertung. (RAGebO. §§ 85, 86; BGB. § 242.) In einem Rechtsstreit wurde ein Vergleich geschlossen; die Anzeige hiervon ging am 29. Oktober 1923 beim Gericht ein. Am 29. November

1923 setzte das Gericht den Streitwert für den Zeitpunkt des Eingangs der Vergleichsanzeige auf 6680 Billionen Mark fest. Auf Grund dieser Wertfestsetzung und der damals geltenden Gebührensätze berechnete der Anwalt der einen Partei eine Gebühr von 260 Billionen Mark. Nach der Festigung der Währung verlangte er 16000 Goldmark. Das Berufungsgericht erkannte ihm 7000 Goldmark zu. Die Revision der beklagten Partei blieb erfolglos. Maßgebend war der 29. Oktober 1923, da an diesem Tage die Forderung fällig wurde. Daß damals die Gebührensätze der Anwälte verhältnismäßig hoch bemessen waren, so daß die volle Goldaufwertung zu unbilligen Ergebnissen für die Schuldner führen konnte, schloß die Aufwertung nicht grundsätzlich aus. Unbeachtlich war, daß die Festsetzung des Streitwerts erst am 29. November 1923 erfolgte und daß der Kläger vor diesem Tage eine Gebührenrechnung nicht aufstellen konnte; dieser Umstand wäre von Belang gewesen für eine Aufwertung auf Grund Verzugs, nicht aber für eine Aufwertung, die nur das rein sachlich gegebene Mißverhältnis zwischen dem Wert der Forderung zur Zeit ihrer Begründung und dem gesunkenen Wert der Zahlungsmittel, mit denen der Schuldner nach Währungsrecht die Forderung zu tilgen an sich berechtigt wäre, ausgleichen sollte. Daß das Berufungsgericht nicht einige Tage als angemessene Zeitspanne zur Befriedigung des Klägers zuließ, war nicht zu beanstanden. Wenn sich der Schuldner in kürzester Zeit nach der Fälligkeit der Forderung zur Zahlung erbietet, verlangen Treu und Glauben im Verkehr, daß der Gläubiger den Betrag im Nennwert entgegennehmen muß und sich auf die meist geringe Entwertung in dieser Zeitspanne nicht berufen kann, um eine Aufwertung zu verlangen. Im vorliegenden Fall war aber festgestellt, daß die beklagte Partei keine Zahlung geleistet hatte; es war kein Gebot der Billigkeit, zu ihren Gunsten einen Zeitraum in Anrechnung zu bringen, in dem sie hätte bezahlen können. Bei der Bemessung der Aufwertung hatte der Berufungsrichter entsprechend der Klage den amerikanischen Dollar als Maßstab zugrunde gelegt. Das Reichsgericht erklärte, daß vielleicht die Bemessung nach der Lebenshaltungsrichtzahl entsprechender gewesen wäre;

da aber das Berufungsgericht nur auf 50 v. H. aufgewertet hatte, war der Beklagte durch die gewählte Art der Aufwertung nicht beschwert. (III, 13. Oktober 1925.)

Amtl. Sammlg. S. 372—375.

Vgl. Bd. 110 S. 139.

81. **Kaiser Wilhelms-Kanal. Vertragshaftung. Amtspflichtverletzung. Ausländer.** (RVerf. Art. 131; RHaftG. §§ 1, 2, 7; VersVertr. Art. 381.) Ein Schiff des Staates Portugal, das den Kaiser Wilhelms-Kanal durchfuhr, stieß mit seinen Masten an eine Brücke. Die Masten wurden abgebrochen; auch die Brücke wurde beschädigt. Der Staat Portugal klagte gegen das Reich auf Schadenersatz, weil der Kanallotse pflichtwidrig den Kapitän des Schiffes nicht darauf hingewiesen habe, daß Schiffe, deren Masten höher als 40 Meter waren, den Kanal nicht passieren durften. Das Reich verlangte mit Widerklage Ersatz des durch die Beschädigung der Brücke entstandenen Schadens. Das Berufungsgericht gab der Klage wie der Widerklage je zur Hälfte statt. Das Reichsgericht wies die Klage ab und erkannte die Widerklage für voll berechtigt an. Der Kaiser Wilhelms-Kanal war ursprünglich in erster Linie der Landesverteidigung bestimmt und der Handelsschiffahrt nur in beschränkter Weise zur Verfügung gestellt. Zufolge des Versailler Vertrages ist das Deutsche Reich verpflichtet, den Kanal den Kriegs- und Handelsschiffen aller mit Deutschland in Frieden lebenden Völker zu eröffnen. Gleichwohl hat er die frühere Zweckbestimmung nicht völlig verloren; jedenfalls wird er nach wie vor nicht als gewerbliches Unternehmen betrieben. Demgemäß konnte die Klage wie die Widerklage nicht aus dem Gesichtspunkt einer Vertragsverletzung, sondern nur aus jenem der Haftung für unerlaubte Handlung gewürdigt werden. Als Grundlage für die Klage kam in Betracht, ob der Kanallotse bei dem Unfall in Ausübung öffentlicher Gewalt gehandelt und seine Pflicht verletzt hatte. Das Berufungsgericht hatte angenommen, daß der Kläger als Ausländer eine Haftung des Reichs aus diesem Grunde nicht geltend machen könne. Das erklärte das Reichsgericht für irrig. Die Vorschrift der Reichsverfassung, wornach bei Amtspflichtverletzungen die Verantwortlichkeit grundsätzlich den Staat oder die Körper-

schaft trifft, in deren Dienst der Beamte steht, enthält nicht nur eine Richtlinie für die Reichs- und Landesgesetzgebung, sondern unmittelbar wirkendes Recht. Dieses kann auch Ausländern nicht verweigert werden, zumal wenn der Tatbestand, aus dem die Haftung des Reichs hergeleitet wird, sich innerhalb der Reichsgrenzen ereignet hat. Daß die Vorschrift sich in dem Teil der Verfassung über die Grundrechte der Deutschen findet, vermag ihre Tragweite nicht einzuschränken. Ausländern gegenüber kommt aber die Vorschrift des Reichshaftungsgesetzes zur Anwendung, wornach ihnen ein Ersatzanspruch auf Grund dieses Gesetzes nur insoweit zusteht, als durch die Gesetzgebung des ausländischen Staates oder durch Staatsvertrag die Gegenseitigkeit verbürgt ist. Das gilt sowohl für die Angehörigen eines ausländischen Staates als auch für diesen selbst, wenn er als Person des Privatrechts wegen der Amtspflichtverletzung Schadenersatzansprüche gegen das Reich erhebt. Mit Portugal ist die Gegenseitigkeit nicht verbürgt; demgemäß konnte die Haftung nicht Platz greifen. Das Gegenteil ist auch aus dem Vertrag von Versailles nicht zu entnehmen. Nach diesem müssen allerdings die Staatsangehörigen aller Mächte bei der Benutzung des Kanals wie Deutsche behandelt werden; diese Vorschrift bezieht sich aber nur auf die tatsächliche Benutzung des Kanals, nicht auf Rechtsverhältnisse, die zufolge Benutzung des Kanals zwischen den Beteiligten in Frage kommen und nicht notwendig mit dieser verbunden sind, sondern nur durch sie zur Entstehung gelangen können. Es war auch kein Verschulden des Lotsen nachgewiesen. Er war nicht verpflichtet, den Kapitän des Schiffes nach der Höhe der Masten zu fragen; vielmehr wäre es dessen Sache gewesen, sich nach den Bestimmungen der Betriebsordnung über die zulässige Höhe der Masten zu erkundigen. Wenn aber nur den Kapitän des Schiffes ein Verschulden an dem Unfall traf, bestand kein Grund, der Widerklage nur zum Teil stattzugeben. Die Widerklage konnte gegen den klagenden Staat wegen des Zusammenhangs zwischen dem Anspruch der Klage und jenem der Widerklage unbedenklich zugelassen werden, wenn auch regelmäßig ein ausländischer Staat wegen privatrechtlicher Ansprüche vor inländischen Gerichten nicht verklagt werden kann; es war übrigens gegen sie auch kein Widerspruch erhoben und damit die Unterwerfung unter die deutsche Gerichtsbarkeit zum Ausdruck gebracht worden. (VI, 13. Oktober 1925.) Amtl. Sammlg. S. 375—380. Vgl. Bd. 86 S. 121; Bd. 102 S. 171, 393; Bd. 103 S. 274; Bd. 104 S. 291; Bd. 105 S. 100; Bd. 106 S. 36; Bd. 110 S. 350; Bd. 111 S. 149.

82. **Lieferungsklausel. Geldentwertung. Deckungskauf. Mitverschulden.** (BGB. §§ 242, 244, 254.) Mitte August 1921 verkaufte eine Ausfuhrhandlung in Hamburg einen Posten Ware an eine holländische Firma zur Lieferung im September und Oktober. Am 19. September schaffte sich der Käufer den zur Bezahlung des Kaufpreises erforderlichen Markbetrag an und verlangte Lieferung der Ware. Diese unterblieb trotz Setzung einer Nachfrist. Es wurde Schadenersatz wegen Nichterfüllung verlangt; der Anspruch wurde dem Grunde nach als gerechtfertigt anerkannt. Im Verfahren über den Betrag beanspruchte der Kläger zunächst 250000 Mark, sodann 2188 holländische Gulden. Das Landgericht sprach ihm diesen Betrag zu; das Berufungsgericht setzte ihn auf 2005 holländische Gulden herab. Das Reichsgericht verwies auf die Revision des Beklagten die Sache zurück. Das rechtskräftig gewordene Urteil über den Grund des Anspruchs bezog sich nur auf den damals verlangten Betrag von 250000 Papiermark; soweit der Betrag von 2188 Gulden hierüber hinausging, konnte das Berufungsgericht von neuem die Berechtigung des Anspruchs prüfen. Es hatte angenommen, daß der Beklagte schon im September 1921 in Verzug geraten sei; die Lieferungsklausel konnte aber die Bedeutung haben, daß der Käufer verpflichtet war, seine Abrufe auf die Monate September und Oktober zu verteilen. Das war noch zu prüfen. Unbegründet war das Vorbringen des Beklagten, der Kläger sei nicht berechtigt gewesen, sich schon im September mit dem zur Zahlung des Kaufpreises erforderlichen Markbetrag zu versorgen und habe sich durch das Liegenlassen des angeschafften Betrages trotz fortwährenden Sinkens der deutschen Währung selbst in Schaden gebracht; jedenfalls aber sei er verpflichtet gewesen, den Beklagten von der Anschaffung und Bereithaltung der Summe in

Kenntnis zu setzen und auf die Gefahr des durch den Kursverlust entstehenden ungewöhnlich hohen Schadens aufmerksam zu machen. Diesen Erwägungen schloß sich das Reichsgericht nicht an. Der Kläger, der im September 1921 nicht wissen konnte, wie sich der Kurs der deutschen Mark fernerhin gestalten würde, handelte als vorsichtiger Kaufmann, wenn er sich damals zur Erfüllung der ihm aus dem Vertrag erwachsenden Verbindlichkeiten mit Mark eindeckte. Demgemäß lag auch darin kein Verschulden, daß er trotz des fortgesetzten Fallens der deutschen Währung den eingewechselten Betrag behielt, zumal er damit rechnen mußte, daß der Beklagte seiner Lieferpflicht genügen würde. Ein ungewöhnlich hoher Schaden ließ sich unter solchen Umständen nicht vorhersehen. (II, 13. Oktober 1925.)

Amtl. Sammlg. S. 381—384.
Vgl. Bd. 109 S. 337.

83. **Beschränkte persönliche Dienstbarkeit. Öffentliches Interesse.** (BGB. §§ 1018, 1019, 1090; GBO. § 79.) Ein Landwirt beabsichtigte, auf seinem Grundbesitz eine Wohnung für einen Landarbeiter zu errichten. Er erhielt zu diesem Zweck vom preußischen Staat ein Tilgungsdarlehen und bewilligte dafür die Eintragung einer persönlichen Dienstbarkeit zugunsten des preußischen Staates, wornach die herzustellende Wohnung auf die Dauer von fünfzig Jahren nur von deutsch-stämmigen Landarbeitern bewohnt werden dürfe. Das Amtsgericht lehnte die Eintragung ab, weil als Dienstbarkeiten nur solche Belastungen eingetragen werden könnten, aus denen dem Berechtigten ein wirtschaftlicher Vorteil erwachse. Die Beschwerde des Regierungspräsidenten wurde mit der gleichen Begründung zurückgewiesen. Das Kammergericht war geneigt, der weiteren Beschwerde stattzugeben, sah sich aber daran durch eine frühere Entscheidung des Reichsgerichts gehindert und legte diesem die Sache vor. Das Reichsgericht hielt seine frühere Auffassung nicht fest. Wohl muß die Grunddienstbarkeit einen Vorteil für den Berechtigten darstellen, es ist aber nicht gerechtfertigt, diesen Vorteil als einen wirtschaftlichen zu bezeichnen. Grundsätzlich muß das Bedürfnis des Berechtigten, das im Zweifel für den Umfang der Dienstbarkeit maßgebend sein soll, sich zur Verfolgung

mit Rechtsbehelfen des Privatrechts eignen; aber dieses Erfordernis ist entscheidend nicht aus entfernteren Beweggründen, aus Zweckrichtungen zu beurteilen, sondern aus der unmittelbar gegebenen Rechtslage. Nach dieser war für den vorliegenden Fall die Zulässigkeit der Rechtsbestellung zu bejahen. Der Staat begab sich hier in Verfolgung öffentlichrechtlicher Zwecke auf den Boden des privaten Rechts; er gebot nicht durch öffentlichrechtliche Normen, durch Androhung von Strafen oder sonstigen Rechtsnachteilen, daß die mit seiner Hilfe geschaffene Wohnung einer bestimmten Verwendung vorbehalten bleiben müsse, vielmehr suchte er das von ihm angestrebte privatrechtliche Verhältnis in einem den staatlichen Zwecken entsprechenden Sinne auszugestalten. Darin, daß das gesamte Verhältnis, in dem diese Zwecke verfolgt wurden, privatrechtlich gestaltet war, lag die Zulässigkeit der Dienstbarkeitsbestellung begründet. Es kam nicht darauf an, ob diese Zwecke in irgendeinem Sinne als privatrechtliche Interessen aufgefaßt werden konnten; entscheidend war, daß der Staat hier nicht kraft seines Hoheitsrechts dem Einzelnen gebot, sondern sich mit ihm in privatrechtliche Gleichstellung einließ. Es war nicht abzusehen, warum er hier von der Benutzung privatrechtlicher Rechtsbehelfe ausgeschlossen sein sollte. Die Dienstbarkeit, durch deren Bestellung die Errichtung staatlicher Zwecke gesichert werden sollte, beruhte auf einem Bedürfnis des Berechtigten und durfte dem privatrechtlich gestalteten Rechtsverhältnis eingefügt werden, weil dieses in seiner Gesamtheit dem privaten Recht angehörte. Anders mag die Sache zu beurteilen sein, wenn das Verhältnis des Einzelnen zum Gemeinwesen schon durch öffentlichrechtliche Normen als ein öffentliches Recht geregelt ist. So lag die Sache in dem früher vom Reichsgericht entschiedenen Fall, auf den das Kammergericht hinwies; es sollte die Einhaltung einer baupolizeilichen Vorschrift (Einhaltung eines bestimmten Abstandes von einem Gebäude) durch Eintragung einer persönlichen Dienstbarkeit zugunsten der Gemeinde gesichert werden. Damals hatte das Reichsgericht ausgesprochen, daß ein außerhalb des Privatrechts liegendes Interesse nicht ausreiche, um ein Recht, das zu seiner Befriedigung dienen solle, als beschränkte persönliche Dienstbarkeit gelten zu lassen. Nun hob es hervor, daß den Gemeinden auch bei Verfolgung ihrer öffentlichrechtlichen Aufgaben die privatrechtliche Rechtsform der beschränkten persönlichen Dienstbarkeit zur Verfügung stehe, wenn sie sich für die Verwirklichung solcher Aufgaben auf den Boden des Privatrechts begeben. Die Eintragung war demgemäß aus diesem Grunde nicht zu versagen. Auch dem Inhalt nach war die beantragte Grunddienstbarkeit möglich; sie enthielt eine Beschränkung der Befugnis des Eigentümers, mit dem Grundstück nach Belieben zu verfahren. Das Haus erhielt dadurch den Verkehrscharakter eines ländlichen Anwesens von der bei der deutschen, Landwirtschaft treibenden Bevölkerung gewohnten Art, eines deutschen Bauernhauses mit den dafür in Bauweise, Ausstattung, Benutzung und Unterhaltung üblicher Weise zu stellenden Anforderungen. Der Ausdruck „deutschstämmig" war mehrfacher Deutung zugänglich; die Voraussetzungen und Erfordernisse, die in dieser Hinsicht zu erfüllen waren, bedurften noch näherer Umschreibung. Eine solche war durch eine Zwischenverfügung des Grundbuchamts herbeizuführen. (V, 14. Oktober 1925.)

Amtl. Sammlg. S. 384—397.
Vgl. Bd. 61 S. 342.

84. **Sicherungshypothek. Aufwertung. Persönliche Forderung. Teilzahlung. Zurückbehaltungsrecht.** (BGB. §§ 266, 273, 1142, 1144, 1185; AufwG. §§ 10, 25.) Für einen Kaufpreisrest war eine Sicherungshypothek eingetragen; das Kapital war für den Gläubiger bis zum 1. Oktober 1924 unkündbar, dem Schuldner dagegen war gestattet, es jederzeit ganz oder teilweise heimzuzahlen. Am 13. Januar 1924 bot der Eigentümer des Grundstücks, der zugleich persönlicher Schuldner war, die Heimzahlung mit 25 v. H. des Goldwerts der Forderung an. Der Gläubiger lehnte ab, indem er eine höhere Aufwertung auf Grund der allgemeinen Vorschriften beanspruchte. Die Klage auf Bewilligung der Löschung Zug um Zug gegen die Zahlung des Angebots drang in zwei Instanzen durch. Die Revision des Beklagten hatte Erfolg. In einer früheren Entscheidung des Reichsgerichts ist ausgesprochen worden, daß das Verlangen des Grundstückseigentümers, der zugleich per-

sönlicher Schuldner ist, auf Bewilligung der Löschung gegen Zahlung des Betrags der Hypothekforderung nach den Aufwertungsvorschriften ungerechtfertigt sei, weil die Gebote von Treu und Glauben für ihn die Verpflichtung ergeben, die hypothekarische Belastung des Grundstücks für die Forderung so lange fortbestehen zu lassen, bis der Gläubiger wegen der ganzen Forderung befriedigt ist; jedenfalls sei der Gläubiger berechtigt, wegen seiner fälligen und aus demselben Rechtsverhältnisse hervorgegangenen persönlichen Forderung die Löschungsbewilligung nach den Vorschriften über das Zurückbehaltungsrecht zu verweigern. Nunmehr erklärte das Reichsgericht für zweifelhaft, ob dieser Standpunkt gegenüber der gesetzlichen Regelung des Aufwertungswesens festgehalten werden könne; einer grundsätzlichen Stellungnahme zu der Frage enthielt es sich, weil das Recht des Klägers, die Löschung der Hypothek gegen Zahlung ihres Aufwertungsbetrags zu verlangen, aus einem anderen Grunde zu verneinen war. Nach dem Aufwertungsgesetz ist der Schuldner berechtigt, den Aufwertungsbetrag drei Monate nach Kündigung zu bezahlen. Bei einer Sicherungshypothek muß die Kündigung von dem persönlichen Schuldner ausgehen; dieser ist nicht berechtigt, die Kündigung nur in der Höhe des durch die Hypothek gesicherten Teilbetrags der Forderung auszusprechen, muß vielmehr, wenn er von dem Kündigungsrecht Gebrauch machen will, die ganze Forderung zur Heimzahlung anbieten. Die Aufwertung kann bei einer Sicherungshypothek für die persönliche Forderung einen anderen Weg gehen als für die dingliche Forderung; nur durch eine Kündigung der persönlichen Forderung in der Höhe, wie sie aufgewertet worden ist, kann die Fälligkeit der für einen Teil der Forderung fortbestehenden Sicherungshypothek herbeigeführt werden. Durch diese gesetzliche Vorschrift war die Vereinbarung, wonach die Forderung jederzeit ganz oder in Teilbeträgen heimbezahlt werden kann, überholt. Ob eine Kündigung stattgefunden hatte, war nicht festgestellt. Da der Beklagte bereit war, gegen Zahlung des vollen Aufwertungsbetrags seiner Forderung auf die Einhaltung der Kündigungsfrist zu verzichten, hätte die Sache entschieden werden können, wenn der Aufwertungsbetrag festgestanden wäre. Zur Prüfung dieser Frage wurde die Sache zurückverwiesen. (V, 11. November 1925.)

Amtl. Sammlg. S. 397—403.

Vgl. Bd. 107 S. 93.

85. **Amtspflichtverletzung. Revision.** (RVerf. Art. 131; RHaftG. § 3; ZPO. § 547.) Ein Offizier der Internationalen Luftüberwachungskommission nahm in Begleitung eines von der Reichstreuhandgesellschaft abgestellten Beamten in einer Flugzeugfabrik eine Kontrolle vor und ordnete dort die Zerstörung eines Motors an; diese wurde alsbald ausgeführt. Der Eigentümer des Motors klagte gegen die Reichstreuhandgesellschaft und gegen das Deutsche Reich auf Schadenersatz mit der Begründung, daß die Zerstörung des Motors zu vermeiden gewesen wäre, wenn die in der Angelegenheit mitwirkenden Beamten der Reichstreuhandgesellschaft und des Reichsschatzministeriums es nicht an den zur Wahrung der Rechte des Klägers erforderlichen Maßnahmen hätte fehlen lassen. Die Klage drang durch. In der Revisionsinstanz handelte es sich zunächst darum, ob die Revision unabhängig vom Werte des Beschwerdegegenstandes, der nur 1100 Reichsmark betrug, zulässig war. Das Reichsgericht bejahte die Frage. Hinsichtlich des Anspruchs gegen das Reich ergab sich das aus den Vorschriften des Reichshaftungsgesetzes, die durch die Reichsverfassung nicht überholt sind. Auf die Treuhandgesellschaft waren diese Vorschriften sinngemäß anzuwenden. Sie ist ins Leben gerufen worden, um durch ihre Vermittlung überflüssiges Heeresgut zu verkaufen; auch zur Durchführung der Entwaffnungsvorschriften ist sie beigezogen worden. Dadurch wurde sie zum Hilfsorgan bei der Verwirklichung von Maßnahmen bestellt, die der Ausübung der Reichsgewalt dienen. Die Pflichten der Angestellten der Gesellschaft bei der Betätigung der ihnen anvertrauten Gewalt gegenüber dritten Personen müssen daher folgerichtig so bemessen werden, als wenn diese dabei in der Eigenschaft von Beamten tätig würden; die Gesellschaft, die sie mit der Gewaltausübung beauftragt hat und durch sie handelt, ist deshalb für Zuwiderhandlungen gegen deren Pflichten in entsprechender Weise haftbar zu machen wie das Reich für die Amtspflichtverletzungen seiner Beamten. Die

Rechtsstellung und die Pflichten der Treuhandgesellschaft und ihrer Beamten auf den ihnen überlassenen Gebieten des öffentlichen Wirkens kommen der Rechtsstellung und den Pflichten des Reichs und seiner Beamten so nahe, daß die Erzielung einer einheitlichen Rechtsprechung auch in bezug auf die Ersatzpflicht der Treuhandgesellschaft für die Verfehlungen ihrer Angestellten bei der Erledigung ihrer öffentlichrechtlichen Aufgaben in hohem Grade erwünscht ist. (III, 16. Oktober 1925.)

Amtl. Sammlg. S. 403—405.
Vgl. Bd. 102 S. 166; Bd. 106 S. 373.

86. **Erbengemeinschaft. Aktienrechte.** (BGB. §§ 2038, 2040; HGB §§ 250, 252, 254, 266, 271.) Mehrere Besitzer von Aktien einer Gesellschaft schlossen einen Vertrag, wornach sie ihre Aktien einem von ihnen als Treuhänder übergaben und ihm Vollmacht erteilten, alle Rechte aus dem Aktienbesitz, insbesondere das Stimmrecht auf den Generalversammlungen, auszuüben. Er hinterlegte die sämtlichen Aktien bei der Deutschen Bank mit der Maßgabe, daß eine Verfügung über sie nur mit seiner Zustimmung getroffen werden dürfe. Einer der Teilnehmer des Vertrags verlangte seine Aktien von der Bank zurück mit der Erklärung, daß die Aktien nicht ihm, sondern ihm und seinen Kindern in Erbengemeinschaft gehörten. Die Bank gab sie ihm heraus. Der Treuhänder klagte gegen ihn auf Zurückgabe. In allen Instanzen wurde die Klage abgewiesen. Aus dem Wortlaut des Vertrags ergab sich, daß der Beklagte ihn nur für sich, nicht auch als gesetzlicher Vertreter seiner Kinder abgeschlossen hatte. In den Verpflichtungen, die er damit einging, war eine den Vorschriften über die Erbengemeinschaft zuwiderlaufende Verfügung über Nachlaßgegenstände zu finden. Eine Aktie gewährt ihrem Eigentümer nicht nur einen vermögensrechtlichen Anspruch auf einen Gewinnanteil, sondern auch das Recht, im Rahmen des Gesetzes und der Satzung an der Verwaltung der Aktiengesellschaft und ihres Vermögens mitzuwirken. Der Aktiengesellschaft gegenüber ermächtigt bei Inhaberaktien schon der Besitz zur Ausübung dieser Rechte. Es ist deshalb nicht unzulässig, Inhaberaktien einem anderen mit der Auflage zu überlassen, bestimmte Rechte in eigenem Namen, aber nach Weisung des

Eigentümers geltend zu machen. Der Vertrag, der im vorliegenden Fall geschlossen worden war, ging aber weiter; er übertrug dem Kläger in unwiderruflicher Weise alle aus den Aktien sich ergebenden Rechte auf die Dauer von zehn Jahren zur Ausübung nach eigenem Ermessen. Darin lag eine Verfügung über die Aktien, die nur von allen Miterben gemeinsam vorgenommen werden konnte. Die Vorschriften über den Eigentumserwerb auf Grund guten Glaubens kamen nicht in Anwendung, da es sich nicht um Übertragung des Eigentums handelte. Wenn auch der Kläger den Beklagten für den alleinigen Eigentümer der Aktien hielt, erwarb er demgemäß aus dem Vertrag nicht ein Recht auf den Besitz der Aktien. Wenn auch die Bank gegen seine Weisung gehandelt hatte, wurde dadurch der Besitz des Beklagten noch nicht zu einem fehlerhaften. (III, 16. Oktober 1925.) Amtl. Sammlg. S. 405—410.

87. **Nebenintervention. Streitwert.** (ZPO. §§ 3, 71; GKG. § 25.) Durch zwei Urteile wurde eine Nebenintervention als unzulässig zurückgewiesen; die Kosten wurden dem Nebenintervenienten auferlegt. Sie wurden nach dem Streitwert der Hauptsache berechnet. Der Nebenintervenient erhob hiegegen Erinnerungen mit der Begründung, daß nur sein Interesse an dem Obsiegen der von ihm unterstützten Partei der Wertberechnung zugrunde gelegt werden dürfe. Das Reichsgericht trat dieser Auffassung bei. Soweit der Nebenintervenient im Rechtsstreit Erklärungen abgibt und Prozeßhandlungen vornimmt, betreffen diese allerdings denselben Gegenstand, auf den sich der Prozeßbetrieb der von ihm unterstützten Hauptpartei bezieht, und ist es gerechtfertigt, die Gerichtsgebühren nach dem Streitgegenstand des Hauptprozesses zu berechnen. Anders verhält es sich aber mit den Kosten für den Zwischenstreit, in dem über den Antrag einer Hauptpartei auf Zurückverweisung der Nebenintervention entschieden wird. Hier handelt es sich nur um die Zulässigkeit der Nebenintervention, also um die Frage, ob die gesetzlichen Voraussetzungen für diese gegeben sind. Eine Entscheidung über den Gegenstand des Hauptprozesses findet dabei nicht statt; zur Entscheidung steht ganz allein die Frage, ob der Nebenintervenient sein rechtliches Interesse am Obsiegen

der Hauptpartei, die er unterstützen will, genügend glaubhaft gemacht hat. Folglich kann auch nur dieses Interesse den Gegenstand des Zwischenstreits bilden. Es ist in jedem Fall vom Gericht unter Berücksichtigung der einschlägigen Umstände nach freiem Ermessen festzusetzen. Hieran wird auch durch die Vorschrift des Gerichtskostengesetzes nichts geändert, daß für Zwischenurteile über die Zulässigkeit einer Nebenintervention die Urteilsgebühren besonders erhoben werden; nach welchem Streitgegenstand diese Gebühr zu berechnen ist, ergibt sich aus der Vorschrift nicht. (I, 21. Oktober 1925.) Amtl. Sammlg. S. 410—412.

88. **Betriebsrat. Entlassung von Mitgliedern. Personalabbau. Formvorschrift.** (BetrRG. §§ 29—33, 84, 96; AbbauVO. vom 27. Oktober 1923 Art. 16.) Mitglieder eines Betriebsrats der deutschen Reichsbahngesellschaft wurden aus Anlaß des Personalabbaues entlassen. Die erforderliche Zustimmung des Betriebsrats war in der Weise eingeholt worden, daß der Dienststellenvorstand den Vorsitzenden des Betriebsrats und zwei Mitglieder in sein Arbeitszimmer berief und mit diesen die Angelegenheit besprach. Mit der Begründung, daß eine Genehmigung des Betriebsrats zur Kündigung nicht erteilt worden und daß diese deshalb wirkungslos sei, klagten die entlassenen Mitglieder auf Zahlung des Lohnes für einen weiteren Monat. Die Reichsbahngesellschaft erhob Widerklage auf Feststellung, daß das Dienstverhältnis durch die Kündigung beendigt sei, da der Betriebsrat in seiner Mehrheit schon vor der Kündigung dieser zugestimmt habe. In allen Instanzen drang die Klage durch und wurde die Widerklage abgewiesen. Auf die rechtliche Stellung der Kläger war die Abbauverordnung vom 27. Oktober 1923 ohne Einfluß; sie setzte zwar einige Bestimmungen des Betriebsrätegesetzes außer Kraft, aber nicht die für Mitglieder von Betriebsräten geltenden Vorschriften. Zur Kündigung gegenüber Mitgliedern des Betriebsrats bedarf der Arbeitgeber dessen Zustimmung. In welcher Form sie zu erteilen ist, sagt das Gesetz nicht. Gleichwohl ist die Annahme, die Genehmigung könne auch formlos erteilt werden, abzulehnen. Der Kündigungsschutz kommt den Mitgliedern des Betriebsrates in ihrer Eigenschaft als Ver-

treter der Arbeiterschaft zu; diese soll gegen eine willkürliche Entziehung geeigneter Vertretungskräfte gesichert werden. Dieser Schutz wird der Arbeiterschaft aus öffentlichrechtlichen Gründen auf öffentlichrechtlicher Grundlage durch ein öffentlichrechtliches Organ und zwar durch ein Kollegium zuteil. Es liegt in der Natur der Sache, daß bei den wichtigen Kollegialentscheidungen jedes Mitglied des Kollegiums in die Lage versetzt werden muß, die Anschauungen und Erwägungen der anderen Mitglieder kennen zu lernen, um sie prüfen, sich ihnen anschließen oder ihre Widerlegung versuchen zu können. Demzufolge ist davon auszugehen, daß die Entscheidung über die Genehmigung oder Nichtgenehmigung einer Kündigung in derselben Weise ergehen muß wie jede andere rechtswirksame Entscheidung eines Betriebsrats. Im vorliegenden Fall war das vorgeschriebene Verfahren nicht eingehalten worden; die Mitglieder des Betriebsrats waren nicht unter der Mitteilung des Beratungsgegenstandes durch den Vorsitzenden geladen, über die Verhandlungen war kein Protokoll aufgenommen worden. So, wie die Sache gehandhabt worden war, konnte ein rechtsgültiger Beschluß des Betriebsrats nicht zustande kommen. Der Betriebsrat kann allerdings auf die Befolgung der einen oder anderen Formvorschrift des Gesetzes verzichten. Das Gesetz ist in einer politisch und wirtschaftlich erregten Zeit entstanden, die beim Auftauchen zahlreicher neuer Rechtsgedanken eine schnelle gesetzgeberische Tätigkeit verlangte; es zeigt darum im Ausdruck nicht überall die Feinarbeit der Vorkriegszeit. Dem Wortlaut der einzelnen Bestimmungen ist nicht immer mit Sicherheit zu entnehmen, ob sie nach dem Willen des Gesetzgebers zwingender Natur sein sollen, auch wenn sie als sogenannte Mußvorschriften gefaßt sind. Die richtige Entscheidung hierüber kann vielmehr nur an der Hand des Zweckes der einzelnen Vorschrift und unter Berücksichtigung des Interesses getroffen werden, das die Allgemeinheit, besonders die Arbeitgeber und Arbeitnehmerschaft oder der Betriebsrat an ihrer Einhaltung haben. Unverzichtbar sind jedenfalls solche Bestimmungen, die eine ordnungsmäßige sachliche Beschlußfassung gewährleisten und eine Überrumpelung oder Übereilung der Betriebsratsmitglieder verhüten sollen. Dazu gehören die Vorschriften, daß die Beschlüsse in einer wirklichen Betriebsratssitzung zustande kommen müssen, in der die Teilnehmer das Bewußtsein haben, in ihrer amtlichen Eigenschaft als Betriebsratsmitglieder tätig zu werden, abzustimmen und zu beschließen. Die Besprechung, die hier stattgefunden hatte, war überhaupt nicht als Betriebsratssitzung anzusehen, sondern nur eine formlose Zusammenkunft, bei der die schwebende Angelegenheit nur in einer den Betriebsrat nicht verpflichtenden Weise besprochen werden konnte. Auch wenn die Mitglieder des Betriebsrats hierbei keine Einwendung gegen die Kündigung erhoben, lag darin keine Genehmigung des Betriebsrats zu dieser. (III, 23. Oktober 1925.)

Amtl. Sammlg. S. 412—416.

Gesetzesregister.

Seitenzahlen der amtlichen Sammlung.

Sachregister.